VOLKER REICHE

Snirks Café

DAS VOODOOHUHN VON CURACAO

MIT EINEM NACHWORT
VON ANDREAS PLATTHAUS

SUHRKAMP

Herausgegeben von Andreas Platthaus

suhrkamp taschenbuch 4586
Originalausgabe

Umschlag und Umschlagzeichnung: Volker Reiche
Farben: Irma Arndt-Reiche und Volker Reiche
Autorenfoto: Irma Arndt-Reiche
Druck und Bindung: CPI – Ebner & Spiegel, Ulm
Printed in Germany
ISBN 978-3-518-46586-8

VOLKER REICHE · *Snirks Café* · DAS VOODOOHUHN VON CURACAO · GRAPHIC NOVEL
FARBEN: IRMA ARNDT-REICHE UND VOLKER REICHE

EIN MANN WIE ICH SOLLTE EBEN GELD HABEN! VIEL, VIEL GELD!

DONALD DUCK

KAPITEL 1

EINFACH 'NE GENIALE FIRMA GRÜNDEN! DANN ROLLT DER RUBEL.
NICHT MEIN PROBLEM, WÜRD ICH SAGEN.

HE! DEN KENN ICH DOCH!
VON DER SCHULE.
STRIZZ. STIMMT'S?
GENAU. UND DU BIST ... ÄH ... SCHUSTER! NEIN? HM ... BÄCKER! AUCH NICHT?
SNIRK!
COPYSHOP
SNIRK? NIE GEHÖRT. HÄTTE GESCHWOREN, IRGEND SO 'N HANDWERKERDINGS ...
FISCHER.
JA! HAHA!
ABER JETZT SNIRK!
ICH GRÜNDE EINE FIRMA. SNIRKS CAFÉ! GANZ NEUE DIENSTLEISTUNGEN!
FIRMA! GENAU. LEO & CO! ICH BIN DER CHEF! HOLZVERARBEITUNG!
ALSO – NEU IN DER KOMBINATION! POWERCOACHING PLUS THINKTANK PLUS ZUKUNFTSFORSCHUNG PLUS –
HOLZFERTIGHÄUSER! DA HABEN WIR JETZT EINEN FUSS IN DER TÜR! MEHR ALS EINEN, HAHAHA!
SNIRK, ICH MUSS. CHEF IST VORBILD, HAHAHA! HAST DU 'NE KARTE?
JA. GERADE VOM COPYSHOP GEHOLT.
SNIRKS CAFÉ, WAS? LASS MAL 20 LATTE MACCHIATO RÜBERWACHSEN! HEBT DIE MORAL MEINER TRUPPE!
NEIN. ES IST –
ACH, EGAL ...
BLÖDMANN.
SIEHT TOLL AUS.

JA. GUT.
SCHÖNE SCHRIFT. GARAMOND KURSIV.
F-CopyShop
WA-?!
OH! SORRY.
FLAPP!
GARAMOND HEISST DAS? LANGWEILIG. WER IST SNIRK?
ICH. WAS WILLST DU HIER, JULIAN? HAB DEINER MUTTER GESAGT, DASS ICH ZU ARBEITEN HAB!
HANS.
ICH HEISS JETZT HANS. UND DU SNIRK? MIT CAFÉ? COOL. ICH NEHM 'N KAMAK FETT.
KEIN KAFFEE. WAS IST EIN KAMAK FETT? HÖRT SICH SCHEUSSLICH AN.
SCHMECKT ABER GENIAL. CARAMEL MACCHIATO SPEZIAL.
NICHT MIT DIESEM DOOFEN MILCHSCHAUM, SONDERN MIT SAHNE! UND ZWEI LAGEN KARAMELLSIRUP! HMMMH!
OKAY. UND WAS SOLL DER QUATSCH MIT HANS?
MAMI HEISST JULIA UND NENNT MICH JULIAN. WIE KRANK IST DAS DENN ?!? HAST DU NUTELLA?
NEIN. HANS, ZISCH AB! HIER WIRD GEARBEITET. DU KANNST HIER NICHT RUMSPRINGEN.
MAMI IST EINKAUFEN. ICH SOLL HIER WARTEN.
Nesquik
NESQUIK IST AUCH LEER.
GLAUBST DU, MIR MACHT DAS SPASS? HIER GIBT'S DOCH PRAKTISCH NIX! DOOFES CAFÉ! WEISS GAR NICHT, WAS MAMI AN DIR FINDET ...
CAFÉ! HAHA!

WARUM NENNST DU DICH JETZT HANS?
WARUM DU SNIRK?
ICH HAB ZUERST GEFRAGT. ALSO?
KENNST DU "DER STARKE HANS"? GRIMM! HOCH DEN KNÜTTEL! RUMS! DA LIEGT DER RÄUBER! HAHA!
ZISCH!
STÄRKE EBEN! BRAUCHT MAN, WENN MAN ÜBERLEBEN WILL!
ÜBERLEBEN... PFFF... BISSCHEN ÜBERTRIEBEN, WAS? DIR GEHT'S DOCH GUT.
NOCH!
GOOGLE MAL "RENTE MIT 63 ZU LASTEN KÜNFTIGER GENERATIONEN"! WIRST SCHON SEHEN!
NÖ. GOOGLE IST PFUI. ABER ICH AHNE, WAS DU MEINST.
DU WILLST DIR MIT KNÜTTEL UND RUMS EINE AUSKÖMMLICHE RENTE SICHERN, STIMMT'S?
NIX RENTE. SCHÄTZE! GOLD! SILBER! ODER KÜHLSCHRÄNKE... FERNSEHER... WAS MAN SO ABSTAUBT BEIM PLÜNDERN...
MACH DOCH MIT! MAMI SAGT, DU VERDIENST NICHT BESONDERS VIEL.
JA, DANKE! WOHER WILL SIE DAS WISSEN?
VIELLEICHT HAST DU IHR EINMAL ZU VIEL 'N HAMBURGER SPENDIERT!
HÖR ZU! BESTELL DEINER MUTTER, DASS... DASS...
ACH, EGAL. STIMMT JA IRGENDWIE.
ABER JETZT KOMMEN ANDERE ZEITEN! ICH STARTE VOLL DURCH! SNIRKS CAFÉ!
EY, ALTER, REG DICH AB. ICH BIN TOTAL FÜR HAMBURGER. BESTELLEN WIR UNS WELCHE?
WISCH!

ALSO, STARKER HANS, DU WILLST RENTNER VERPRÜGELN?
WENN ES SEIN MUSS...
WAS BLEIBT MIR SONST? EISENHARTE VERTEILUNGS-KÄMPFE STEHEN AN. ICH SAG MAL, 2050 GEHT'S LOS!
DING! DONG!
MOMENT! DAS SIND BESTIMMT UNSERE HAMBURGER.
WAS?! IN EINER OLLEN TÜTE?! WO KOMMT DAS HER?! ICH ESS KEINEN NO-NAME-FRASS!
ICH WILL EINEN BIG MAC! ODER EINEN BIG KING!
PROBIER DOCH ERST MAL! DAS DING IST SPITZE!
VOM TÜRKEN.
HM... MAMPF! GEHT SO... KAU! SCHLUCK! SCHLING! DER HUNGER TREIBT'S RUNTER.
BEIM PLÜNDERN KANNST DU AUCH NICHT DARAUF ACHTEN, OB DU MARKEN-ARTIKEL ERWISCHST!
ABER HALLO KANN ICH DAS!
SIND IN EIN PAAR JAHR-ZEHNTEN NATÜRLICH ANDERE MARKEN ALS HEUTE. CHINESISCHE VOR ALLEM! AFRIKA WIRD IMMER NOCH NICHT DABEI SEIN.
HA! EIN FALL FÜR SNIRKS CAFÉ!
WIE SICHERT SICH EINE SUPER-MARKTKETTE GEGEN RAUBZÜGE VERARMTER GROKO-OPFER? SNIRKS CAFÉ FRAGEN! ALLE IDEEN! ALLE MASSNAHMEN! ALLE ALLES!
WAHNSINN! JETZT GEHT MIR ERST AUF, WAS FÜR EINE BÄRENSTARKE MARKE DAS IST! SOLLT ICH EIN-TRAGEN LASSEN!
NIEMAND STOPPT MICH BEIM PLÜNDERN!

SNIRKS CAFÉ HAT MASSGESCHNEIDERTE LÖSUNGEN! YEP!
AUCH FÜR DICH!
WENN DICH DIE GENERATIONEN-GERECHTIGKEIT ZUM PLÜNDERN TREIBT, BIETEN WIR PERSONAL COACHING IN KARATE AN!
ZACK!
HACK!
HA!
NA JA... NICHT WIRKLICH. GEWALT IST DOCH KÄSE.
ECHT? WIESO?
NA, DU SIEHST DOCH AB UND ZU FERN. IST DOCH GRÄSSLICH, DER KRAM. BRÜLLEN UND HAUEN UND SCHIESSEN UND BOMBEN.
BESCHEUERT. OHNE MICH.
STARKER HANS FINDEST DU AUCH DOOF?
DOOF NICHT. ABER VIELLEICHT UNNÖTIG.
DU BEFÜRCHTEST EINEN KÜMMERLICHEN LEBENSABEND? DIE LÖSUNG: REICH WERDEN! EIN GENIALES START-UP GRÜNDEN! SO WAS WIE SNIRKS CAFÉ!
WENN ICH GROSS BIN?
ZU SPÄT.
GIBT SO 'N PAAR IDIOTEN IN MEINER KLASSE, DIE MÜSST' ICH JETZT ZERLEGEN!
OH. MOBBING? TJA... PUH... DA WEISS ICH JETZT AUCH NICHT SO, WAS... SCHON MIT DEINER MAMI GEREDET?
BLOSS NICHT!
ALLEINERZIEHENDE MUTTER... BISSCHEN NERVÖS MANCHMAL... LIEBER NICHT BEUNRUHIGEN... KANNST DU MIR NICHT ERST KARATE BEIBRINGEN UND DANN REICH WERDEN? WENN ICH DEN SCHWARZEN GÜRTEL HAB, REICHT'S JA ZU DROHEN! KEINE GEWALT! OKAY?
ÖH... ALSO... ICH KANN GAR KEIN KARATE.

WARUM CAFÉ? KLINGT NICHT NACH REICH WERDEN.
CAFÉ STEHT FÜR KAFFEEHAUS.
UND KAFFEEHAUS STEHT FÜR DISKUSSION! STREIT! KULTUR! GEIST! AVANTGARDE!
PFFF... VIELLEICHT IN WIEN VOR MEHR ALS HUNDERT JAHREN.
ABER OKAY... SNIRKS KAFFEEHAUS NENNST DU DEINEN LADEN NICHT, WEIL SICH DAS BRUTAL VERSCHNARCHT ANHÖRT. VERSTEHE.
GÄHN!
QUATSCH. KAFFEEHAUS IST EINFACH ZU LANG.
CAFÉ IST KURZ, ELEGANT, INTERNATIONAL! UND MODERN! DENK ANS INTERNETCAFÉ!
O MANN. ÄCHZ! WO WARST DU DIE LETZTEN ZEHN JAHRE? INTERNETCAFÉ IST **NOCH** VERSCHNARCHTER! OUT OHNE ENDE.
DOPPEL-GÄHN!
ABER **SNIRK** IST MODERN! MEHR ALS DAS! **SNIRK** IST DIE ZUKUNFT!
VON ÜBERMORGEN! FROM OUTER SPACE! HAB ICH AUS EINEM SCIENCE-FICTION-COMIC! DA IST **SNIRKS CAFÉ** EINE OBERCOOLE WELTRAUMBAR.
ZEBRA
ECHT?
SUPER NAME FÜR EIN GALAKTISCH GENIALES START-UP!
NA JA... BISHER HAB ICH NOCH NICHTS GALAKTISCHES VON DIR GEHÖRT.
WART'S AB! ICH WERDE – OH! VIELLEICHT JULIA!
DING! DONG!
ZEBRA
HALLO, JULIA!
HALLO, WOLLKÖPFCHEN!
HAT JULIAN GENERVT?
NÖ.
WOLLKÖPFCHEN! HIHIHI!

MEIN WOLL-KÖPFCHEN! ÜCH LÜÜBE DÜCH! HIHIHIHIHI!
MEIN SÜSSER WOLLI! HAHA! MEINE WOLLMAUS! WOLLMAUSI! HAHAHA! DAS PASST! SEHT IHR DIE WOLLMÄUSE UNTER SEINEM SCHREIBTISCH?!!
BIST DU FERTIG?
NO. 7
UND DU BIST JULIAMAUS! HAHA! NEIN! JULIMAUS! JUNIMAUS! FEBRUARMAUS!
SCHÖN, DASS IHR NICHT SAUER SEID. HATTE EIN ZIEMLICH SCHLECHTES GEWISSEN, JULIAN HIER ZU PARKEN.
HANS AB HEUTE!
UND SNIRK AB HEUTE. WEDER WOLLKÖPFCHEN NOCH WOLLMAUS.
SNIRK? WAS SOLL DAS SEIN? ICH VERSTEH NUR BAHNHOF.
NUN-
ER MACHT 'NE FIRMA!
SNIRKS CAFÉ! OHNE CAFÉ! ABER SONST WILL ER PRAKTISCH ALLES ANBIETEN, WENN ICH'S RICHTIG VERSTANDEN HAB.
SO?
NUN-
GALAKTISCHES POWER-COACHING ODER SO. ER WILL REICH WERDEN! FÜRCHTET 'NE BESCHEIDENE RENTE. JETZT ODER NIE ODER SO.
AH!
HE! DU HAST MIT DER RENTE ANGEFANGEN! WER WILL RENTNER PRÜGELN, DER STARKE HANS ODER ICH?!?
UFF. WOLLMÄUSE UNTER SICH.
UND WER KAUFT NO-NAME-FRASS? DU ODER ICH?!?

EIN HAMMERMÄSSIGER DURCHBRUCH, UND DIE KUNDEN RENNEN MIR DIE BUDE EIN! DAS SCHWÖR ICH EUCH!
FOLGENDE SITUATION: EINE FIRMA, EIN VERBAND ODER WAS WEISS ICH, STEHT SCHLECHT DA. DANN KOMMT SNIRKS CAFÉ UND PUSCHT DEN LADEN! HA!
WIE FINDEST DU MEINE NEUEN SCHUHE?
HAST DU MIR WAS MITGEBRACHT?
SCHUHE! GENAU! VOR JAHREN HAT WESTERWELLE MAL DIE ZAHL DES FDP-WAHLWUNSCHERGEBNISSES AUF DER SCHUHSOHLE GEHABT. IN 'NER TALKSHOW! GENIALE IDEE!
DAS WAR VOR MEINER ZEIT. HAT'S GEHOLFEN?
NÖ, GLAUB NICHT. ABER COOLE IDEEN, DAS IST DIE RICHTUNG, DIE SNIRKS CAFÉ GEHEN MUSS.
FEBRUAR 2014
ERST MAL HABEN.
FDP? SCHUHE? DAS IST EINFACH.
IIIIEH!
FDP: SCHREI VOR GLÜCK!
RESPEKT! EIN SUPER ANSATZ. MÜSSTE DIE FDP-OBEREN EIGENTLICH ÜBERZEUGEN. EIN SLOGAN FÜR DIE EUROPAWAHL!
QUATSCH!
DAS IST GEKLAUT! AUS'M FERNSEHEN! EIN WERBESPOT FÜR SCHUHE!
AUSSERDEM IST ES HERZLOS, KLEINE PECHVÖGEL ZU VERSPOTTEN!
OOCH... DIE HABEN SICH DOCH LÄNGST ERHOLT. UND KENNST DU NICHT DEN KLUGEN SPRUCH:
JEDEM NEUANFANG WOHNT EIN ZAUBER INNE! GILT AUCH FÜR SNIRKS CAFÉ.
NA, MAL SEHEN.

KAPITEL 2

OPA! EINE FIRMA KOSTET GELD!
TJA. UMSONST IST DER TOD.
ABER DEN SOLLTE MAN SICH NETT MACHEN...

TEUFEL, TEUFEL! DAS WIRD NICHT EINFACH MIT DER FINANZIERUNG...
OB ICH DEN NEUEN PC STREICHE? NEIN, MUSS SEIN. DIE ALTE MÜHLE STÜRZT ALLE NASLANG AB.
RRING!
MANN! BRAUCH NUR ZU ARBEITEN, DA GELLT DAS DING...
SNIRK.
BITTE?
SNIRK!
OH. VERWÄHLT. KNACKS!
BLÖDKOPP!
KLACK!
MOMENT... DIE STIMME... WAR DAS NICHT...
RRING!
OPA! BIST DU'S?
KLAR. WAS SOLL DER QUATSCH MIT SNIRK?
KEIN QUATSCH. ICH HEISSE JETZT SNIRK. MEINE NEUE FIRMA HEISST SNIRKS CAFÉ!
SO? IST DIR DER NAME FISCHER NICHT MEHR GUT GENUG?
UND NEUE FIRMA? WILLST DU WIEDER PLEITE MACHEN WIE MIT DEINEM ALBERNEN WOLLSTÜBCHEN?
OPA! DAS WAR NICHT MEIN WOLLSTÜBCHEN, SONDERN DAS MEINER DAMALIGEN FREUNDIN! WAS? STIMMT DOCH GAR NICHT! ICH LEG JETZT AUF!
BLÖDKOPP! NA, EGAL... ZURÜCK ZUR FINANZIERUNG...
UFF... PUH... SCHWIERIG.
MIT OPAS HILFE WÄR'S EINFACH...
SPAR BUCH
RENTEN-BESCHEID
OPA? ÖH... TUT MIR LEID, DASS ICH... ÖH... WIE GEHT'S? SCHLECHT? OH. HM... ALSO... ICH KOMM EINFACH MAL RAUS! OKAY?

BESSER MAL 'N KLEINEN TESTLAUF...
BRUMM
OPA! VERGISS DIE PLEITE MIT DEM WOLLSTÜBCHEN! HAST TOTAL RECHT, DAS WAR ECHT KÄSE. SIND WIR UNS HUNDERT PRO EINIG. ABER JETZT PASS AUF! MEIN NEUES PROJEKT–
BAUMARK
NEIN, HALT! TAKTISCH UNKLUG, MISSERFOLGE ZU ERWÄHNEN ... ICH MUSS MITREISSEND POSITIV WIRKEN!
HEY, OPA! HAB 'N HÖLLEN-ANLAGETIPP! SNIRKS CAFÉ! DAS COOLSTE START-UP SEIT GOOGLE UND FACEBOOK! DIVIDENDE OHNE ENDE! HAHAHA! REIMT SICH!
BRÖÖ!
NÖ... ZU FORSCH! ER HASST DIESES JUGEND-GEQUAKE.
SCHWACHSINN! DER CHEF VON SNIRKS CAFÉ GALAKTISCHES POWER-MANAGEMENT ÜBT EIN GESPRÄCH MIT SEINEM OPA! SO WEIT KOMMT'S NOCH!
BRACK!
WUPP!
EINFACH IMPROVISIEREN...
HALLO, OPA!
VORSICHT! MEINE SCHNEE-GLÖCKCHEN!
HIER WIRD NICHT RUMGEHÜPFT WIE NICHT GANZ DICHT! WIRST DU DENN NIE ERWACHSEN?!
OH! MEIN STICHWORT!
NA, UND WAS BEDEUTET ERWACHSEN? ICH SAG'S DIR! AUF EIGENEN FÜSSEN STEHEN UND–
STOPP! DIE ANTWORT IST NEIN. KEINEN PFENNIG.
KOMM REIN. FENCHELTEE.
UFF! VIELLEICHT HÄTT ICH DOCH NOCH 'N PAAR TESTLÄUFE MACHEN SOLLEN...
KOMME.

MANN, OPA! WIE SIEHT'S DENN HIER AUS?!
DU KANNST DIR DOCH LOCKER 'NE PUTZFRAU LEISTEN! NA, KEIN PROBLEM. ICH SCHAFF DEN MÜLL RAUS.
FINGER WEG! DAS SIND WICHTIGE DOKUMENTE.
DOKUMENTE? ZEITUNGEN VON GESTERN SIND –
WICHTIG! VERGANGENHEIT ERKLÄRT DIE ZUKUNFT. SCHON GEHÖRT, WOLLKÖPFCHEN?
JETZT FANG DU AUCH NOCH AN!
HERRGOTT, STEH NICHT RUM! NICHT SO UNGEMÜTLICH! HOL DIR 'N STUHL! TRINK TEE! NIMM DIR EIN BEISPIEL AN WOLLE.
JA, JA.
KANNST DU MAL MIT DIESEM WOLLKRAM AUFHÖREN?
HIHIHI... ER HEISST WIRKLICH WOLLE. HAB ICH AUS DEM TIERHEIM. KLUGES TIER.
HAT NICHTS GEGEN ALTE ZEITUNGEN. UND SCHÄTZT FENCHELTEE. WAS, WOLLE?
PLÄTSCHER!
HABEN ALLE? NA DANN, HOCH DIE TASSEN!
GUT.
SCHLABBER!
WA-?!
PFÜT!
FENCHELTEE WÜRZT MAN MIT FENCHELGEIST. IST JA WOHL KLAR. HAHA!
UND DIE KATZE? IST DAS NICHT TIERQUÄLEREI?
SCHLÜRF!
SEHE ICH NICHT SO. WOLLE LEBTE IN ARMUT. PREKARIAT. DA IST DIE HEIZUNG MANCHMAL FLÜSSIG. HIHI.
SPASS BEISEITE, OPA. ICH GEHÖRE ZUM PREKARIAT. JUGENDARMUT! ICH BRAUCH GELD.

OPA, KLARTEXT! ICH BRAUCH GELD.
KEINE SPIELCHEN, GERADEHERAUS! HEY, DU BIST MEIN OPA! FAMILIE!
RAUS MIT DER ASCHE!
ERKENNST DU DAS THEMA, BUB?
WAS FÜR 'N THEMA? DAS THEMA IST GELD!
DURCHAUS NICHT. SONDERN: ERWACHEN HEITERER GEFÜHLE BEI DER ANKUNFT AUF DEM LANDE.
MAUNZ!
DEIN OPA AUF DEM LANDE SCHÄTZT HEITERE ENKEL. SCHLECHTE LAUNE HAB ICH SELBER.
OKAY... SEUFZ! HAST JA RECHT.
HÜBSCH, WAS DU DA GEPFIFFEN HAST. FILMMUSIK VON SO 'NEM URALTEN SCIENCE-FICTION-FILM, RICHTIG?
FILMMUSIK? DU KENNST DIE PASTORALE NICHT? 6. SINFONIE VON BEETHOVEN? UND DA WILLST DU LEUTE BERATEN?
WIE GESAGT, ICH KENN DEN FILM. SOYLENT GREEN!
WEISS AUCH NICHT JEDER.
OPA! ICH WILL KEINE MUSIK VERKAUFEN! SCHON GAR KEINE ALTE! SNIRKS CAFÉ VERKAUFT IDEEN! NEUE!
ZUR SACHE. WENN DU MICH FINANZIELL UNTERSTÜTZT, WERDE ICH-
MOMENT! DER FILM. DA WIRD DIE PASTORALE GESPIELT? EINFACH SO?
NEIN. EIN HERR DEINES ALTERS SIEHT BEIM STERBEN SCHÖNE BILDER UND HÖRT BEETHOVEN.
OPA! MÜSSEN WIR DAS JETZT BREITTRETEN? ICH WOLLTE-
SEKUNDE! DAS INTERESSIERT MICH! KANNST DU MIR EINE KASSETTE BRINGEN?
KASSETTE? WAS FÜR 'NE KASSETTE?
VHS!
VHS? QUATSCH! HAST DU EINEN BLUE-RAY-PLAYER?
EINEN WAS?

OPA! WO IST DER PC, DEN ICH DIR GEBRACHT HAB?
HEKTIK, HEKTIK, HEKTIK! BRING MEINE ORDNUNG NICHT DURCHEINANDER!
HIER STAND ER.
DU WILLST DEN FILM, DU KRIEGST DEN FILM! WENN DU KEIN BLUE-RAY HAST, LAD ICH IHN RUNTER. KEIN PROBLEM.
O JESUS, HÄTT ICH NUR NIE WAS GESAGT... ER VERWÜSTET MEIN HAUS...
OKAY. KOMM MIT.
DA.
IM GARTEN-HAUS? HAST DU HIER STROM? UND IST ES NICHT ZU FEUCHT?
HAB ICH IN EINEM COMIC GELESEN... MECKI... OPA PINGUIN...
HAT MIR SOFORT EIN-GELEUCHTET. EIN PC IST SCHWER UND GLATT. DIE IDEALE BLUMENPRESSE! HEB MAL AN!
AH! MEINE SCHNEEGLÖCKCHEN!
NA, TOLL. ICH WETTE, DER IST HIN.
NA UND? BIST WOHL NICHT AUF DEM LAUFENDEN, BUB? DAS IST TEUFELSZEUG!
KOMM MIT.
HIER FINDEST DU ALLES. NSA, SNOWDEN, ABHÖREN, DATEN-KLAU, DEN GANZEN INTERNET-KRAM! BEDIEN DICH.
DAS HAST DU ALLES GELESEN?!
Zuboff
Kurz
Rieger
Schulz
Morozov
ICH? NÖ. HAB ICH NICHT NÖTIG. SMARTPHONE LEHN ICH AB. UND MIT PC ALS BLUMENPRESSE BIN ICH AUF DER SICHEREN SEITE.
SEUFZ. VERMUTLICH. OPA, LASS UNS ÜBER GELD REDEN.

OPA! GENERATIONEN-VERTRAG IST DAS STICHWORT!
DIE JUNGE GENERATION – ICH! – ARBEITET UND ZAHLT DEINE RENTE! DIE ALTEN – DU! – GREIFEN IM AUSGLEICH DAZU DEN JUNGEN UNTER DIE ARME, WENN'S KNAPP WIRD! ALLES KLAR?
SCHLÜRF!
NETTER VERSUCH.
GEHT NUR LEIDER ANDERS. DIE JUNGEN ZAHLEN FÜR DIE ALTEN, SO WEIT, SO RICHTIG. OBWOHL ICH VERMUTE, DASS DEIN BEITRAG DAZU EHER ÜBERSCHAUBAR IST. HIHIHI!
DOCH DASS OPA DEM ENKEL DIE TASCHEN FÜLLT, IST NICHT VERTRAG, SONDERN WUNSCHTRAUM! DAS WALTE WOLLE, HIHIHI!
PROST, BUB!
DU BIST GEMEIN, OPA.
HALT, ICH BIN NOCH NICHT FERTIG! DIE GUTE NACHRICHT IST, DASS DEINE ENKEL DEINE RENTE ZAHLEN!
AUF DIE ENKEL!
ACH JA? UND WIE VIEL?!? KANNST DU ÜBERALL LESEN, DASS MEINE RENTE EIN WITZ SEIN WIRD!
FINGER WEG VON MEINEM ARCHIV!
FAUCH!
RENTE! WENN ICH DAS SCHON HÖRE! BLUTJUNGES BÜRSCHLEIN UND QUAKT VON RENTE! DAS GAB'S ZU MEINER ZEIT NICHT!
DU WILLST NICHT BEGREIFEN, WAS?
MEINE RENTE IST MIR PIEPEGAL. ICH BRAUCH JETZT WAS, DAMIT ICH SIE NICHT NÖTIG HAB!
OPA, FRIEDEN! HAT JA KEINEN SINN, WENN WIR UNS ANGIFTEN. AB JETZT GANZ IN RUHE.
ICH HAB 'NE IDEE ... ERINNERST DU DICH? PASTORALE ... FILM ... SCHÖNES STERBEN ... ÖH ... IST NORMAL, DASS DICH DAS INTERESSIERT! ABER ... NUN ... DA IST JA ALLERLEI BESITZ. UND ... NUN ...
VERSTEHE. TESTAMENT IST DAS STICHWORT!

KAPITEL 3

ICH BIN DEIN LIEBLINGS-ENKEL, OPI! STIMMT'S?
HM.
NIEMAND SAGT, DU SOLLST DAS ZEITLICHE SEGNEN! HEY, OPA, KEIN THEMA!
AH. DANKE.
ICH DACHT EHER AN 'NE VORGEZOGENE ERBSCHAFT...
WÄR DOCH TOTAL GENIAL! MÜSST ICH NICHT IMMER MIT'M FUFFI RAUSMARSCHIEREN. IST DOCH PEINLICH AUF DIE DAUER.
OPA! AHNST DU ÜBERHAUPT, WIE VIEL DAS ALLES WERT IST?! HAUS, GRUNDSTÜCK, KONTO, RENTE! HAST DU SCHMUCK?!
HM ... SCHON MAL VON ERBFOLGE GEHÖRT? WÄR NICHT ZUNÄCHST DEIN PAPI DRAN?
SCHLABBER!
PAPA? DER ZÄHLT NICHT. IST SEIT EWIGKEITEN VERSCHWUNDEN.
POCH! POCH!
VERREIST, BUB. VERREIST.
HAB LETZTE WOCHE EIN KÄRTCHEN VON IHM BEKOMMEN.
SCHLINGER
MACHST DU BITTE AUF? WIRD KURTI SEIN. ER KLINGELT UNGERN.
TAG, JUNIOR! SCHRECKLICH SCHRILLE KLINGEL, WAS? HIHI!
WIESO JUNIOR? ICH DACHTE, HERR KURTI?
JUNIOR PASST AUCH.
ER IST ERST 73.
JUNIOR, MEIN ENKEL KILIAN. NENNT SICH SNIRK. EHEMALIGER PHILOSOPHIE-STUDENT. EHEMALIGER SURF-LEHRER. EHEMALIGER WOLLSTÜBCHEN-BETREIBER. JETZT EIN MANN DER IDEEN. HIHI!
TAG!

WOHNEN SIE HIER IN DER NÄHE?
WARUM ANTWORTET ER NICHT? KANN ER NICHT SPRECHEN?
ER KANN.
ABER ER HAT SELTEN LUST DAZU. DU ZEICHNEST LIEBER, WAS, KURTI?
AH, VERSTEHE. SIE UND MEIN OPA SIND NACHBARN.
OKAY, OPA... WENN DU BESUCH HAST, KÖNNEN WIR JA SCHLECHT ÜBER GELD REDEN... SCHADE...
UNSINN. KURTI IST SO GUT WIE FAMILIE. UND ER LIEBT DIE ANSICHTS-KARTEN, DIE DEIN PAPI SCHICKT.
DIE LETZTE KAM AUS DER KARIBIK. KURTI HAT SIE ABGEZEICHNET. UND ERGÄNZT. HIHIHI.
DAS SOLL PAPA SEIN? UND –?
VON DER JUNGEN FRAU HAB ICH SOGAR EIN FOTO. DIE KINDERCHEN SIND KURTIS VERMUTUNG. ABER ER IRRT SICH SELTEN.
DEINE NEUEN GESCHWISTERCHEN WÄREN NEBEN DIR NATÜRLICH VOLL ERBBERECHTIGT. HIHIHI!
WÄR VIELLEICHT NICHT FALSCH, DA MAL NACH DEM RECHTEN ZU SEHEN, HM?
MANN, OPA...
ICH WOLLT ENDLICH MAL RICHTIG ARBEITEN. NICHT IN DER WELT RUMGONDELN...

AH! DIE TONLEITERN PERLEN.
MO MO MO MO MO MO!
AUF DER SUCHE NACH DEM LEGENDÄREN SCHALLKNALL? PASS AUF DEINE FENSTERSCHEIBEN AUF! HAHAHA!
MO MO MO MO!
HMMM, MEINE SÜSSE SINGMAUS, HAST DU MICH VERMISST?
DEINE-
– SINGMAUS HAT JETZT LEIDER KEINE ZEIT FÜR DICH. IN FÜNF MINUTEN KOMMT EINE SCHÜLERIN.
UND DAS LOCKT NICHT?
FLATTER!
ICH LADE DICH ZUM ESSEN EIN! HÄNG EIN SCHILD IN DIE TÜR: AUS FAMILIÄREN GRÜNDEN GESCHLOSSEN!
ERFOLGREICHER BESUCH BEI DEINEM OPA? GRATULIERE.
NA JA ... NICHT WIRKLICH. OPA HAT 'N FUFFI ABGEDRÜCKT WIE IMMER. UND KURTI ZEHN. IMMERHIN. WO ER MICH JA GAR NICHT KENNT.
KURTI?
DU MEINST, WENN KURTI DICH KENNT, ZAHLT ER MEHR? HM ...
KEINEN SPOTT! OB DU'S GLAUBST ODER NICHT, KURTI HAT SOGAR EIN BISSCHEN GEWEINT, WEIL ER NICHT MEHR GELD DABEIHATTE, ES MIR ZU GEBEN. VORBILDLICH!
ABER ICH WOLLTE NICHT MIT 60, SONDERN MIT 60.000 RAUSMARSCHIEREN!
ICH HASSE KLEINGELD!
OOOCH ... MEINE SÜSSE GELDMAUS! HIHIHI!
DU NIMMST MICH NICHT ERNST. HEISST ES NICHT: HINTER JEDEM ERFOLGREICHEN MANN STEHT EINE FRAU, DIE IHM BLIND ERGEBEN IST?
DAVON HÖRTE ICH NIE. BESTENFALLS NACH DER STUNDE.
DU MUSST JETZT GEHEN.
MOZART LIEDER

ICH HAB 'NE IDEE! DU GIBST DEINEN GESANGSUNTERRICHT, UND ICH HÖRE ZU.
UND NACH DER STUNDE BERATE ICH DICH!
GENIAL!
DER NACKTE WAHNSINN! DA ZERBRECH ICH MIR DEN KOPF, WO SNIRKS CAFÉ KUNDEN HERKRIEGT, UND PLÖTZLICH HAB ICH EINEN VOR DER NASE!
SO KANN'S GEHEN!
HA! ICH SEH AUF DEN ERSTEN BLICK, DASS DEIN LADEN AUFGEPEPPT WERDEN MUSS! WO SIND FLYER? WO DIE KAFFEEMASCHINE? ODER TRINKEN DEINE SINGVÖGELCHEN TEE?
WIE? WAS?
BIST DU IMMER NOCH HIER? MEINE SCHÜLERIN KOMMT JEDE SEKUNDE! RAUS MIT DIR!
HUSCH! WUSCH!
PRIVATLEBEN UND BERUF SIND ZWEI PAAR STIEFEL. ALSO ECHT. BIS HEUTE ABEND, OKAY?
DU HÖRST NICHT ZU, JULIA! PRIVAT WAR VORHIN.
JETZT BIN ICH BERUFLICH HIER!
DU BEKOMMST DIE VOLLE BERATUNGSDRÖHNUNG! FOR FREE! WEIL DU PREMIUMKUNDIN BIST!
JA! DA SIND WIR SCHON MITTENDRIN! HAST DU PREMIUMSCHÜLER?
TSCHÜHÜS!
ÖH... STÖR ICH?
ABER NEIN. KOMMEN SIE REIN, PAULA!
SNIRKS CAFÉ! KARTE?
WAS FRAG ICH VIEL NACH GELD UND GUT, WENN ICH ZUFRIEDEN BIN!
SEHR WITZIG, HERR MOZART.

UND? HAST DU DARÜBER NACHGEDACHT, DASS ICH DICH COACHE?
KANNST DU DICH MAL AUS DEM BETT WÄLZEN, JUNGE? JULIAN KANN JEDEN AUGENBLICK KOMMEN.
BRÖÖÖ!
WIE? WAS?
IMMER KOMMT JEMAND, UND ICH WERD VOR DIE TÜR GESETZT! DAS GEHT MIR AUF DEN GEIST!
NA, HÖR MAL! DASS DU NICHT BEI MEINEM UNTERRICHT RUMSPRINGST, IST JA WOHL KLAR.
PAULA FAND DICH ÜBRIGENS SÜSS.
SCHRPP! SCHRPP!
SÜSS! OMI PAULA FAND MICH SÜSS! HERZLICHEN DANK! FINDEST DU MICH AUCH SÜSS?!
AUF JEDEN FALL. IST DA WAS FALSCH DRAN?
NICHTS VERMUTLICH. ABER ICH BIN KEIN BERUFSMÄSSIGES BETTHÄSCHEN.
NICHT? DAFÜR MACHST DU'S GAR NICHT MAL SO SCHLECHT, HIHI!
JETZT MAL OHNE FLACHS, JULIA. MIR SIND DA ZWEI, DREI DINGE IN DEINER SCHULE AUFGEFALLEN, DIE ICH –
GEH DUSCHEN!
ICH SCHWÖR DIR! MIT MEINEN TIPPS KÖNNTEST DU DEINE SCHÜLERZAHL GLATT VERDOPPELN! DU MUSST –
PSCH!
SCHATZ! ICH BIN AUSGEBUCHT!
EXPANSION! WACHSEN ODER STERBEN! DU HOLST DIR 'NE GENIALE, ABER PREISWERTE STUDENTIN VON DER MUSIKHOCHSCHULE –
DING! DONG!
HOSE. HEMD.
WAS FÜR'N UHU.
ER HAT NOCH NICHT GEGESSEN. ICH MUSS GLEICH WIEDER LOS.
NA, MEIN SPATZ!
AH! IHR MACHT'S EUCH GEMÜTLICH!

WAS MACHT'S GESCHÄFT? MAMI SAGT, DU WILLST DEINEN OPA ANZAPFEN!
SO ROH HAT SIE'S AUSGEDRÜCKT? DANKE!
BITTE! GEHEN WIR ESSEN?
ÄRGER DICH NICHT! ICH ZAPFE DAUERND JEMAND AN! EINE-
-MEINER HAUPTBESCHÄFTIGUNGEN!
BEI PAPA KLAPPT DAS BESONDERS GUT! HIER! 20 EURO! HAHAHA! WIE VIEL HAST DU?
60!
OH. RESPEKT!
FETTE BEUTE! REIN IN DEINE SCHATZKISTE!
IN DIE-? OOOCH...
DOOFE KISTE! HAB HEUTE ALLES ÜBERS SPAREN GELESEN. SPARSTRUMPF IST DAS ALLER-, ALLER-, ALLERLETZTE!
AKTIEN! GENAU DAS RICHTIGE IN MEINEM ALTER! ANLEGEN UND IN 60 JAHREN ANSCHAUEN! ICH WEISS ALLES ÜBER AKTIEN! ICH WERDE-
STOPP! DU HAST HEUTE GELESEN?!
IHR WART GAR NICHT IM ZOO, STIMMT'S? IHR WART NICHT MAL DRAUSSEN, RICHTIG?
ÖH...
PAPA HAT DEN GANZEN TAG GEARBEITET, STIMMT'S?!? AN SEINEM BLÖDEN COMPUTER GESESSEN!!!
HE, JULIA, DAS IST-
NUN...
HALT DU DICH DA RAUS! DU HAST DOCH DASSELBE VOR! FIRMA GRÜNDEN UND TAG UND NACHT IRGENDWELCHE IDIOTEN BERATEN!
ACH JA? UND DU?
STOPP, STOPP, STOPP! HÖRT DEN KLUGEN HANS! SCHWACHE NERVEN? KLARER FALL VON UNTERZUCKERUNG. RATSCHLAG: ESSEN GEHEN! ICH SPENDIERE 20!
ICH LEG 60 DRAUF!
SOLLTE REICHEN.
ABER WIR GEHEN ZU FUSS, ZIMMERPFLANZE!

?
?
RACK!
KNP!
?
!
!
SRP!
!
?

HAB'S GEHÖRT, KURTI! KOMM REIN, MUSS DIR WAS ZEIGEN.
POCH! POCH!
WO HAST DU DEINE HAARE GELASSEN?
VERSTEHE. ENDLICH DAHIN ZURÜCKGEBRACHT, WO DU DAS TEIL GEKLAUT HAST! HIHIH!!
HÖRST DU? PASTORALE! SCHÖNER GEHT'S EINFACH NICHT. DAS HABEN SOGAR DIE DOOFEN AMIS GEMERKT.
SOYLENT GREEN! FILM! HAT MIR MEIN ENKEL KILIAN GESCHICKT. VHS. GUT. ERINNERST DU DICH AN IHN?
GENAU, DAS IST ER, DER ENKEL. ABER DEN FILM KENNST DU AUCH NICHT, STIMMT'S?
HAB IHN GESTERN GESEHEN. WER DIE NASE VOLL HAT VON DER MIESEN WELT, GEHT INS STAATLICHE STERBEHAUS. UND DA KANN MAN ASTREIN STERBEN. ECHT!
?
MIT WUNDERSCHÖNEN NATURBILDERN IM RUNDUMKINO! UND MIT GÖTTLICHER MUSIK! PASTORALE!
KOMM MIT!
ICH ZEIG DIR DEN FILM. MEIN REKORDER FUNKTIONIERT PRIMA. ABER ERSCHRICK NICHT, KURTI! DIE LEICHEN WERDEN ZU PLÄTZCHEN VERARBEITET! HIHIHI! GRÜNE PLÄTZCHEN! SOYLENT GREEN! HIHIHI!
HIHI!
JA, HAHAHA, DU HAST'S ERFASST, KURTI! OPA FISCHER LOHNT SICH KAUM! JA-HAHAHAHA!
Opa
Kurti

MAN KANN SICH'S NETT MACHEN BEIM STERBEN, KURTI!
HIER BAUEN WIR EIN KUSCHELIGES STERBEBETT AUF! SO EIN HOCHBETT WIE IM FILM! MEIN ZEITUNGSARCHIV KOMMT IN DIE KÜCHE. UND DAVOR DER FERNSEHER! NEIN, HALT, IST ZU KLEIN! WIR NEHMEN BILDER!
SCHNIEF!
DOPPEL-SCHNIEF!!
WA-?
DREIFACH-SCHNIEF!!!
DAS IST EIN IRRTUM, JUNIOR! IN NÄCHSTER ZEIT IST NICHTS IN DER RICHTUNG GEPLANT. ABER WENN DU MIR EIN PAAR SCHÖNE BLUMEN MALST-
SCHLUCK!
-DANN SOLLTE ES MIT DEM TEUFEL ZUGEHEN, WENN ES HIER NICHT HÜBSCHER IST ALS AUF DER INTENSIVSTATION! HIHIHIHIH!
KEINE ANGST, ICH HALT DICH UNTER BEOBACHTUNG. UND MEINE ALBERNE FAMILIE AUCH, HIHI!
PUTZ DIR DIE NASE.
DABEI WEISS ICH JA NICHT MAL, WIE GROSS DER VEREIN IST! DU MEINST JA, DASS SICH DA WAS GETAN HAT. NEUE ENKEL!
BARTI
MINKI
PLATTI
BÄUMCHEN
ALSO: ERSTENS! PRÄCHTIGES STERBESTÜBCHEN EINRICHTEN! STRENG DICH AN, KURTI! ALLE SCHÖNHEIT DER WELT SOLL SICH IN DEINEN BILDERN SPIEGELN! DANN: ZWEITENS!
ENKEL ANRUFEN!
ERSTEN AUFTRAG FÜR SNIRKS CAFÉ ERTEILEN!

ALSO – DAS SOLL JETZT KEINE KRITIK SEIN... ABER IST DAS ALLES NICHT SEHR VERSCHWOMMEN?
VERSCHWOMMEN... VERSCHWOMMEN... WAS IST VERSCHWOMMEN DARAN, WENN ICH SAGE, DASS ICH GELD VERDIENEN WILL?!?
NICHTS. ABER DAS KANN JA NICHT ALLES SEIN.
DU BRAUCHST DOCH EIN DURCHDACHTES KONZEPT! DU MUSST GLASKLAR WISSEN, WIE DEIN GESCHÄFT AUSSEHEN SOLL!
WILLST DU FREIBERUFLICH ARBEITEN ODER TATSÄCHLICH EINE FIRMA GRÜNDEN? WAS IST DEIN ANGEBOT? BRAUCHST DU RÄUME? WAREN? GELD?
GELD IST IMMER GUT.
WAREN! RÄUME! WEISS SCHON, WO DAS HINZIELT! GLEICH KOMMT WIEDER DIE WOLLSTÜBCHEN-PLEITE!
ICH BIN EIN MANN DES GEISTES! OMNIA MEA MECUM PORTO, IF YOU KNOW, WHAT I MEAN!
OKAY...
ICH **HASSE** WARENLAGER!
HIER HAST DU EIN WARENLAGER! BITTE SEHR!
KLAPP!
TELEFON!
RRING!
TOLLE WOLLE! UND DIE WAR UNVERKÄUFLICH?
OPA? DAS PASST JETZT NICHT.
WIE BITTE? OB HIER DER CHEF VON SNIRKS CAFÉ IST?
KARIBIK! REISEMANAGER! PERSONAL COACH FÜR KURTI! INVESTIGATIONSAUFTRAG! VOLLE SPESEN! TAGESSATZ! ERFOLGSHONORAR! MIR KREIST DER HUT!
ABER FÜR OPA!
GILT DAS ÜBERHAUPT?
WARUM NICHT?

HALLO! JEMAND ZU HAUSE? HIER IST IHR KARIBIK-BERATER! HAHA!
OPA? WO STECKST DU?
OPA!
ALLES OKAY?!? IST DIR NICHT GUT?
DUMME FRAGE.
MIR GEHT'S PRÄCHTIG! WUNDERSCHÖNE NATURBILDER! HERRLICHE MUSIK! THAT'S LIFE!
WENN ICH MICH NICHT IRRE, EMPFAHL MIR EIN GEWISSER ENKEL, ÜBER DEN TOD NACHZUDENKEN.
VON STERBE-ZIMMER EINRICHTEN WAR BESTIMMT NICHT DIE REDE.
ABER DER STERBE-SAAL WAR DAS BESTE DES ALBERNEN FILMS, DEN DU MIR GESCHICKT HAST. HATTE WÜRDE! DEN REST KANNST DU VERGESSEN.
PLÄTZCHEN! HIHIHI!
NA JA... ABER IST DAS NICHT EIN BISSCHEN MORBID... SO EIN LETZTES BETT...
QUARK! HAST DU NICHT MAL PHILOSOPHIE STUDIERT? DER TOD IST DAS THEMA!
NA, ICH VERMUTE, DICH HABEN DIE SÜSSEN PHILOSOPHIE-STUDENTINNEN MEHR INTERESSIERT. VERSTÄNDLICH! HIHIHI!
ABER SCHLUSS MIT DEM GEPLAUDER! DICH INTERESSIERT MEIN ABLEBEN JA EHER WEGEN DEINES ANTEILS AN MEINEN SCHÄTZEN! AUCH VERSTÄNDLICH, HIHIHI!
OPA! WIE KANNST DU SO WAS SAGEN?
KURTI! BIST DU FERTIG?
KURTI, DARF ICH VORSTELLEN? SNIRK VON SNIRKS CAFÉ, DEIN PERSONAL REISE-COACH!

KARIBIK! FÜHLST DU DICH DER SACHE GEWACHSEN?
WAS SOLL DIE FRAGE, OPA? TAUSEND LEUTE FLIEGEN JEDEN TAG IN DIE KARIBIK!
NIX GEHEIMNIS-VOLLES!
GUT ZU HÖREN.
DU WIRST DEINEN PAPA BEZIEHUNGSWEISE MEIN SÖHNCHEN PROBLEMLOS FINDEN?
NATÜRLICH! GIB MIR SEINE ADRESSE, UND LOS GEHT'S!
ADRESSE ... HM... "HERR FISCHER, KARIBIK," SAG ICH MAL ...
MAU!
KOMIKER. DIE KARIBIK HAT 'N PAAR MILLIONEN EINWOHNER. WILLST DU MICH VERKASPERN?
30 MILLIONEN LAUT MEINEM ALTEN LEXIKON. HEUTE EHER 40 MILLIONEN.
OKAY, ABER WIR SUCHEN EINEN TOURISTEN! EINEN DEUTSCHEN! SICHER UNTER EINER MILLION!
RESPEKT. WIR KOMMEN VORAN.
UND DU HAST EINE ANSICHTS-KARTE VON IHM BEKOMMEN! DAS IST SEINE INSEL!
SCHNIPP!
ICH VERMUTE, DA SIND HÖCHSTENS 'N PAAR TAUSEND DEUTSCHE!
DIE LETZTEN KARTEN KAMEN AUS CURAÇAO.
HERR SNIRK, ICH BIN BEEINDRUCKT. TEST BESTANDEN!
CURAÇAO! KENN ICH! ORANGENLIKÖR! HAB MICH MAL MIT'M KUMPEL DAMIT ZUGETÜTET. HAHAHA! WIR WAREN BREIT WIE DIE NATTERN. WAS ANDERES ALS DEIN FENCHELTEE MIT SCHUSS!
BRING KURTI NICHT AUF DUMME GEDANKEN!

SAG MAL, WILLST DU NICHT MITKOMMEN?
KARIBIK
EINE GENIALE IDEE! KARIBIK FOR TOTALLY FREE! OPA ZAHLT ALLES! LOS! SEI KEIN FROSCH!
WIE BITTE?
UNMÖGLICH.
Schubert Lieder
ICH GEBE DREISSIG GESANGSSTUNDEN IN DER NÄCHSTEN WOCHE! ALLE EINZELN AUSGEMACHT! DA KANN ICH NICHT PLÖTZLICH SCHLIESSEN.
Schubert Lieder
KANNST NICHT ODER WILLST NICHT? WIR SIND NOCH NIE ZUSAMMEN VERREIST! SOLLTEN WIR NICHT UNSERE JUNGE LIEBE FEIERN?
IM PRINZIP NICHT FALSCH, ABER–
JA! SIE LAGEN IM WEISSEN SAND UNTER PALMEN IN TROPISCHER NACHT UND LIEBTEN SICH WIE DIE HASEN...
WIE DIE HASEN? WIE SOLL DAS GEHEN? HOPPEL-HOPPEL? DANKE, MUSS NICHT SEIN.
NA JA, DAS SAGT MAN SO...
MANN VIELLEICHT, FRAU EHER SELTEN.
ACH, KOMM. JETZT NICHT AUCH NOCH 'NE FEMINISMUS-DEBATTE. GIB DIR 'N RUCK UND KOMM MIT!
NO WAY, MISTER SNIRK.
SIEHST DU DAS BILD? DA GIBT ES NOCH EINEN GEWISSEN JULIAN.
KANN SICH NICHT DEIN GESCHIEDENER MAL UM IHN KÜMMERN? FÜR IRGENDWAS SOLLTE ER JA GUT SEIN. SIEHT ÜBRIGENS AUS WIE 'N UHU.
KARIBIK
ER MACHT DAS NICHT ORDENTLICH. DU HAST ES JA LETZTENS MITGEKRIEGT.
NICHT ORDENTLICH... HM... ALSO... ICH HAB VOR KURZEM MAL WAS ÜBER HELIKOPTER-MÜTTER GELESEN, DIE –
DANKE!
HAST DU DICH VOR KURZEM NICHT MAL BEKLAGT, DASS DU IMMER UNVERSEHENS RAUSFLIEGST?

WIESO HAST DU EIGENTLICH KEINEN KONTAKT ZU DEINEM VATER?
IHN EXTRA SUCHEN MÜSSEN, UM ZU WISSEN, WIE GROSS EURE FAMILIE IST – ZIEMLICH UNGEWÖHNLICH, WAS?
NÖ.
JEDENFALLS NICHT FÜR MICH. WÄHREND MEINES STUDIUMS HAB ICH IHN NICHT MEHR GESEHEN. ER WAR JA AUCH PRAKTISCH IMMER VERREIST.
IST SO 'NE ART ABENTEURER. NICHTS KANN IHM GEFÄHRLICH GENUG SEIN. NEIN – QUATSCH. ER FINDET GAR NICHTS GEFÄHRLICH!
WAFF!
WASSER VOR ALLEM! TIEFTAUCHEN OHNE GERÄTE. WUNDERT MICH NICHT, DASS ER AUF EINER INSEL HAUST, HAHAHA!
UND DEINE MUTTER? GONDELT DIE AUCH DURCH DIE WELTGESCHICHTE?
NÖ. IM GEGENTEIL.
SIE IST 'NE KÄSE-TANTE! IMMER AM SELBEN ORT. HAT SO 'N STAND. ABER RICHTIG GUT! SAVARIN À LA TRUFFE! BOULE DE LILLE! COMTÉ EXTRA PRESTIGE! HAHAHA! DIE VOLLE DRÖHNUNG!
KLINGT GUT.
KLAR. KANNST DU SINGEN!
NA JA. SIE HAT DEN EHRGEIZ, VOLL AUSGEREIFTEN KÄSE ANZUBIETEN. FÜR MICH GIBT'S DANN WEIHNACHTEN DREI TAGE MEGAAUSGEREIFTE RESTE. ARRGH!
HIHI!
OKAY... DAS IST JETZT NICHT DER PUNKT. DIE FRAGE IST, OB PAPACHEN 'NE TANTE AUFGEGABELT UND KINDERCHEN IN DIE WELT GESETZT HAT. KURTI GLAUBT'S UND OPA INTERESSIERT'S.
VIELLEICHT IST SIE JA JÜNGER ALS DU.
GENAU! UND BILDHÜBSCH! PAPI BEKOMMT DIE KINDER UND ICH DAS GIRL!
WEISST DU, WOZU HANDTASCHEN GUT SIND? LIES MAL NACH BEI DAISY DUCK!
OOCH... ICH KANN SIE JA MITBRINGEN. DANN MACHEN WIR'S UNS NETT ZU DRITT.

KAPITEL 4

NUR DIE RUHE, KURTI!
VORSICHT! ERST DIE ARMLEHNEN HOCH, SONST KLEMMST DU DICH EIN. JA, BEIDE. GEHT'S? WIE? NEIN, DEN ZEICHENBLOCK ERST NACH DEM HINSETZEN. NEIN, AUCH DIE BUNTSTIFTE GIBT'S ERST DANN. OH, DANKE! SEHR NETT, DASS SIE HELFEN.
NEIN! LASS DEN GURT AN, KURTI. WIR STEIGEN NOCH, WART BITTE AB. DRÜCKT? ACH, KOMM, KURTI, DIE FREUNDLICHE DAME HAT DIR 'NE METERLANGE GURTVERLÄNGERUNG SPENDIERT. JA, GLEICH.
DRÖHN!
KLAR, KANN ICH ALLES ERKENNEN. DAS DA BIST DU, DAS IST OPA, UND DA HAST DU DEINEN ROLLATOR GEZEICHNET. NEIN, DER IST IM FRACHTRAUM, WEISST DU DOCH. NÖ, KOMM, GIBT KEINEN GRUND, JETZT ZU SCHNIEFEN.
SCHNIEF!
ZISCH!
SAFT? NEIN, JETZT GIBT'S KEINEN SAFT. OKAY, WIR FRAGEN.
BRÖÖH
MÖÖH!
OB ER NICHT SPRICHT? SIE MÜSSEN NICHT FLÜSTERN, NEIN, ES GENIERT IHN NICHT. ER KANN JA SPRECHEN, GUT SOGAR, ALLES PALETTI. ER ZEICHNET LIEBER, JA. DAS? GENAU, EIN GLAS. EIN TRINKGLAS. MIT SAFT ODER TEE ODER WAS SIE HABEN. HUNDERT PUNKTE, HAHAHA!
DÜS!
OKAY, JETZT SCHLÄFT ER. UFF, GANZ SCHÖN ANSTRENGEND...
SNIRKS CAFÉ... IRGENDWIE LÄUFT DAS GANZ ANDERS, ALS ICH DACHTE... HERRGOTT, ICH BIN EIN MANN DES GEISTES! PROBLEMLÖSUNGEN IM GROSSEN STIL! WIE STOPPE ICH PUTIN? WIE RETTE ICH DAS INTERNET? WARUM IST DIE FDP UNSICHTBAR? DAS SIND MEINE GESCHÄFTSFELDER! TJA... KOMMT VIELLEICHT NOCH...
ERST MAL NEHM ICH AUCH 'NE MÜTZE VOLL SCHLAF...

SCHNARCHST DU?
KURTI! DAMIT DA KEIN IRRTUM AUFKOMMT: DAS IST EIN DOPPELBETT!
NETTER VERSUCH. ABER SHARKY ZÄHLT NICHT. RAUS AUS DER FALLE. JETZT WIRD GEDUSCHT.
NEIN? OKAY, WILL DICH NICHT DRÄNGEN, BIST 'N ERWACHSENER MENSCH. WERD MAL DEN POOL TESTEN.
!
RUMS!
KURTI! HAST DU DIR WEH GETAN?!
ALLES OKAY? UFF. ABER WAS WAR DAS FÜR 'NE AKTION? DAS IST ZU VIEL FÜR MEINE SCHWACHEN NERVEN!
VERSTEHE. DU STEHST IMMER SO AUF.
RUMS!
KURTI, SO GEHT DAS NICHT WEITER. BEI DER NÄCHSTEN ÜBERRASCHENDEN AKTION GIBST DU VORHER EINEN PIEP VON DIR!
PIEP!
GENAU.
DER POOL IST WINZIG, ABER NUR ZWEI METER VOM BETT ENTFERNT. UND DANK DEINER IST DER WASSERSTAND HOCH. KANN MAN NICHT MECKERN.
AB MORGEN IST SCHLUSS MIT LUSTIG. WIR BRAUCHEN EINEN PLAN.

AH! PRÄCHTIG GESCHLAFEN!
WAR 'NE GENIALE IDEE, IN DIE BADEWANNE UMZUZIEHEN... DER DÜNNERE GIBT NACH, HAHA!
KURTI! RAUS AUS DEINER KINGSIZE-LIEGE! WIR MÜSSEN LOS!
KURTI?
WEG! UND BEIM FRÜHSTÜCK SITZT ER AUCH NICHT. ZUR REZEPTION!
BON DIA! MI NOMBER TA SNIRK! HABEN SIE EINEN DICKEN MANN GESEHEN? THICK MAN? DIK MAN? HOMBRE GORDO?
SI.
HOPI DIKI! GOING TO THE PLAYA. KO TRIBON! WITH SHARK! GIGGLE!
DAS ISSER!
PLAYA GRANDI, PLAYA LAGUN, PLAYA LARGO, BLUE BAY BEACH, MAMBO BEACH, GROTE KNIP... SANTA MARIA! EINE MILLION STRÄNDE!
Curaçao
PIEP!
WA-?!!
SCHURR!
KONTIKI BLUE BEACH
UH-OH! KIKO ESAKI TA?!
RUMS!
QUIETSCH!
KON BO YAMA? SNIRK? HÒMBER KU LANA KABEI! WOOL HEAD MAN! HAHA! IT'S FOR YOU!
ANCHU KON VIBORA?
SI, SI. BREIT WIE NATTER.
6× CURAÇAO BLUE

SCHLUSS MIT DEM GEJAMMER, KURTI! NATTERN JAMMERN NICHT.
AUA! AUA!
ZISCH!
SCHON BESSER. ICH SEHE, WIR VERSTEHEN UNS.
HÖR ZU, KURTI! WIR SOLLTEN ENDLICH MAL WAS UNTERNEHMEN IN SACHEN SUCHE.
LASS DIR WAS EINFALLEN! WAR SCHLIESSLICH DEINE IDEE, DASS HIER ZWEI NEUE ENKEL AUF OPA WARTEN.
DU WILLST EINE FLASCHE? ABGELEHNT! WIR SIND NICHT ZUM SAUFEN HERGEKOMMEN. WIE? EINE LEERE? WOZU DAS DENN?
O MANN, KURTI! WAS SOLL DAS?
PST!
KREISEL!
OKAY… UND IN DIE RICHTUNG SOLLEN WIR LOSLATSCHEN? DAS GLAUBST DU DOCH SELBER NICHT! WIE? DREIMAL?
HAHAHA! DREI VERSCHIEDENE RICHTUNGEN! UND JETZT?!?
MON DIEU! WIEDER EIN ZEICHENSTÜNDCHEN… NA SCHÖN. WENN'S DER WAHRHEITSFINDUNG DIENT…
WIE BITTE ?!? DAS IST DOCH NICHT DEIN ERNST!
20
VOODOO! ICH GLAUB, ES HACKT! WAS? KARIBIK? WIR MÜSSEN UNS ANPASSEN? OHNE MAGIE KEINE CHANCE? KURTI!
GACK!

NIX.
DU BIST DER VOODOO-MEISTER VON UNS BEIDEN! LOS! BEGIB DICH IN TRANCE UND DANN RUNTER MIT DEM KOPF! IN DER BADEWANNE.
SCHLUCK!
JA, SCHLUCK! WAR AUCH NICHT ERNST GEMEINT, KURTI. SCHAU DIR DAS TIER DOCH AN! SIEHT RICHTIG NETT AUS.
NICHT WAHR, MEIN HÜHNCHEN, DU BIST 'NE GANZ LIEBE! NA, KOMM MAL RAUS.
DU BEKOMMST EINEN HÜBSCHEN NAMEN! WAS HÄLTST DU VON MARTINA ODER AU!
HACK!
SO EIN MISTVIEH. OH! ICH BLUTE!
OKAY! SO SEI ES! VOODOO-HOODOO-BLUTMAGIE!
FÜHR UNS ZU PAPA! VOM SELBEN BLUTE!
ÄCHZ!
GACK!
ICH WERD VERRÜCKT! SIE GEHT ZUR TÜR UND SCHAUT RAUS!
PERFEKT! DANN BRAUCHEN WIR NUR NOCH EINE LEINE FÜR MARTINA, UND ES KANN LOSGEHEN.
MARTINA!
MANN, WIE DIE ZIEHT! SIE IS'N VOODOO-TITAN, DAS SAG ICH DIR!

BIN GESPANNT, WO UNS MARTINA HINZIEHT! IMMER GERADEAUS, DAS IST SCHON MAL GUT!
GACK!
AHA, JETZT GEHT'S WEG VOM WASSER. NA JA, PAPA KANN JA NICHT DEN GANZEN TAG TAUCHEN.
MITTEN REIN IN DIE PAMPA? SIND SIE SICHER, MADAME VOODOO?
GACK!
AU WEIA! GEHT'S NOCH, KURTI?
GICK!
SCHNAUF! SI.
GACK!
GACK! GICK! GLUCK! KIKERIKI! GACK!
EIN HÜHNERHOF! NA GROSSARTIG.
GICK! GACK!
OKAY, VERSUCHEN WIR'S!
BON TARDI! DO YOU SPEAK ENGLISH? NEDERLANDS? FRANÇAIS? DEUTSCH? SEUFZ!
NO. NO. NO. NO. NO.
GA-GA-GACK!
OKAY... DANN EBEN IN PAPIAMENTO: KONOSÉ SEÑOR ALEMAN FISCHER?
CURAÇAO
NO!
NO? NIX? NADA? OKAY... WOLLT IHR EIN DUMMES HUHN KAUFEN? KUMPRA GALIÑA BOBA? NO? SEUFZ! TSCHÜS! AYO!
GACK!
AYO!
WARUM HAST DU GESAGT, DU KANNST KEIN DEUTSCH? WIR HABEN ES VON DIR GELERNT! UND WARUM KENNST DU DEINEN PAPA NICHT?
HIHI!
IHR KENNT DEUTSCHE ÄMTER NICHT. VIELLEICHT KOMMT ER VOM JUGENDAMT! ODER SCHULAMT!

MARTINA, DAS WAR 'NE PLEITE. DAS IST DIR JA WOHL HOFFENTLICH KLAR.
GACK!
KEINE WIDERWORTE! SONST GIBT'S HEUTE ABEND COQ AU VIN, DAS SCHWÖR ICH DIR.
KURTI, IRGENDWELCHE VORSCHLÄGE?
DIE JUNGS VOM HÜHNERHOF?
DEN IN DER MITTE HAST DU ABGEHAKT? WA-?! DU MEINST, DAS WAR MEIN BRUDER?!
ZURÜCK ZUM HOF! TEMPO! WIR HOPPLA!
GARK!
PIEP!
ZISCH!
SPINNST DU?! HÄTTE MIR DEN HALS BRECHEN KÖNNEN! JA, DIE ZEICHNUNG KENN ICH! WAS? ABGEHAKT HEISST ABGEHAKT?
HIHI!
2.
VOODOO MARTINA PAPA
WIE? WIR SOLLEN WEITER AUF DIESES BEKNACKTE HUHN SETZEN?
DAS WIDERSPRICHT ALL MEINEN ÜBERZEUGUNGEN! ICH BIN EIN MANN DES 21. JAHRHUNDERTS! AUFGEKLÄRT BIS ZUM ABWINKEN!
VOODOO! SONST NOCH WAS?!
WIESO SEID IHR EIGENTLICH SO FIT? 35°, LUFTFEUCHTIGKEIT 95 %! IN FÜNF MINUTEN KRIEG ICH MAL DEN ROLLATOR!
LINKER HAND SEHEN SIE EINGEBORENE AUF DEM WEG ZUM MARKT!
KNIPS! KNIPS! KNIPS!
GACK!

MANN, IST DAS HEISS. ÄCHZ! ICH BRAUCH 'NE PAUSE.
JA, HIER LÄSST'S SICH AUSHALTEN. WAS IST DAS FÜR'N LÄRM DA UNTEN? SAG IHNEN, SIE SOLLEN RUHE GEBEN.
GACK!
?
GA-GACK!
ER HAT SICH VERTAUCHT! IST IN DER ENGEN KORALLENHÖHLE STECKEN GEBLIEBEN!
SITUACIÓN HORRIBLE!
VON DRESSIERTEN FISCHEN RAUSHOLEN LASSEN!
TRAPPEN IN DE KORALEN TE LATEN BOUWEN!
INSURE AND LEAVE IT TO THE INSURANCE!
DO NOT PANIC! I JUST NEED TO REST A LITTLE BIT. HAHA!
ZUGEGEBEN – DER UNTERWASSERGANG IST SEHR ENG UND DIE KORALLEN SCHARFKANTIG. UND ICH MUSS RÜCKWÄRTS SCHWIMMEN. HAHAHA! EINE MEINER LEICHTESTEN ÜBUNGEN! EHERSISTO FÁSIL! HOPI FÁSIL! HAHAHAHAHA!
GACK!
RUHE DA UNTEN!
ABER DAS IST NOCH GAR NICHTS! JÜNGST BIN ICH IN FINSTERER NACHT IN EIN BODENLOSES LOCH GESTÜRZT! UN AGUJERO HOPI PROFUNDO! NO PROBLEMA! HAHA!
HE IS GONE! HOPE, HE WILL DO IT.
GRAN FANFARRÓN!
MAAR EN GOEDE DUIKER.
DER BESTE!
ZZZ
PAPA

DAS GLAUB ICH JETZT EINFACH NICHT, KURT!!
DU SIEHST MEINEN PAPA UND HÄLTST ES NICHT FÜR NÖTIG, MICH ZU WECKEN?!? ICH HAB SO SCHÖN GESCHLAFEN? QUARK!
KEINER WEISS, WEN IHR GESEHEN HABT! WAS SOLL DAS SEIN? WOLLE? WOLLKOPF?
DAS IST KEIN BEWEIS! TAUSENDE HABEN HIER KRÄUSELHAAR!
SCHRAGG!
OKAY... BIN JA SELBER SCHULD... VOODOO-BLUTMAGIE MIT MARTINA, KANN JA NICHT GUTGEHEN!
PUT!
VIELLEICHT SOLLTEN WIR DIE SEGEL STREICHEN. WIR SETZEN UNS NOCH EIN PAAR TAGE IN DEN POOL UND DANN AB NACH HAUSE.
WIR HABEN UNSER BESTES GETAN. ES HAT NICHT SOLLEN SEIN. SCHICKSAL!
RRRRRR!
GACK!
FAUCH!
Bruder ✓
Papa ✓
Schwester ?
Schwiegermama ?
nur 50 %
50%? PFF... ICH TIPPE AUF 100% UNERLEDIGT. ABER EGAL, IHR HABT DEN WUNDEN PUNKT ERWISCHT... OPA WILL 100% AUFKLÄRUNG! SEUFZ!
GACK!
ABER JETZT HÄLT HIER DIE MODERNE EINZUG! KOMMUNIKATIONSMITTEL, DIGITALE HELFER, INTERNET-RECHERCHE! WOZU HAB ICH EINE FIRMA? MAL SEHEN, OB ICH 'N NETZ KRIEG...
WISCH!

WOLLMAUS! DAS IST ABER HÜBSCH, DASS DU ANRUFST!
WOLLMAUS? MUSST DU DIE DREISTEN WORTE DEINES SPRÖSSLINGS BENUTZEN? ICH BEVORZUGE DIE ANREDE: HELD MEINER SCHÖNSTEN NÄCHTE!
HIHIHI. OKAY, OKAY... NACHTMAUS ALSO.
JULIA! KÖNIGIN MEINER SCHÖNSTEN NÄCHTE! UND VORMITTAGE... UND NACHMITTAGE... DU FEHLST MIR!
DAS HOFFE ICH.
NA JA... EIGENTLICH GEHT'S MIR GANZ GUT... IM MOMENT KNABBERT MARTINA, CURAÇAOS SCHRILLSTE VOODOO-QUEEN, AN MEINEM OHR...
NICHT, MARTINA! DAS KITZELT!
OKAY... ICH SEHE, DU AMÜSIERST DICH. ICH LEG JETZT AUF.
PICK!
HAHAHA! HALT! MARTINA IST EIN HUHN!
EIN HUHN? HM... DU MIT EINEM -? AUCH EIN GEWÖHNUNGSBEDÜRFTIGER GEDANKE...
ICH -? ALSO HÖR MAL, JETZT WIRST DU ABER ECHT UNANSTÄNDIG!
STIMMT. ICH NEHM'S ZURÜCK. HÖR ZU, LIEBSTER, ICH ÜBE MIT EINEM SCHÜLER GERADE SCHUBERT. HIER IST AUCH WAS MIT FEDERN...
„ICH MÖCHT MIR ZIEHEN EINEN JUNGEN STAR, BIS DASS ER SPRÄCH DIE WORTE REIN UND KLAR, BIS ER SIE SPRÄCH MIT MEINES MUNDES KLANG, MIT MEINES HERZENS VOLLEM, HEISSEM DRANG;
DANN SÄNG ER HELL DURCH IHRE FENSTERSCHEIBEN: DEIN IST MEIN HERZ UND SOLL ES EWIG BLEIBEN."
?
GACK!
SCHÖN!
OKAY, OKAY, LIEBSTE, DIE ARBEIT RUFT. DETEKTEI SNIRK&KURT 24 STUNDEN IM DIENST. REICHST DU DAS TELEFON MAL BITTE WEITER AN DEINEN UNGERATENEN SOHN? NICHT DA? OKAY, SEINE MOBILNUMMER? DANKE. ICH NOTIERE...
PICK!

KAPITEL 5

AH! MAMIS NEUER FREUND!
NA JA, SO NEU NUN AUCH WIEDER NICHT. WIR SIND SCHON ÜBER ZWEI MONATE ZUSAMMEN. ABER DESHALB RUFE ICH NICHT AN. HÖR ZU! ICH MÖCHTE, DASS –
ALLES BEREITS ERLEDIGT.
WAFF!
WAS, WAS, WAS? WAS HEISST BEREITS ERLEDIGT? UND WAS HEISST WAFF?
GACK!
KÖNNT ICH AUCH FRAGEN: WAS HEISST GACK? WAFF SAGT SPINOZA, MEIN KLUGER HUND. UND ERLEDIGT IST DIE FINANZIERUNGSRECHERCHE FÜR DEINEN LADEN.
STANDARD IST EIN ERP-GRÜNDERKREDIT DER KFW. REGIONALFÖRDERPROGRAMM SEHE ICH EHER NICHT. RHEIN-MAIN IST JA NICHT GERADE STRUKTURSCHWACH, HAHA!
GANZ WICHTIG: ERST DEN KREDIT BEANTRAGEN, DANN GRÜNDEN! DIE BANKEN WOLLEN GERN MITREDEN, HAHA! ABER ICH VERMUTE, DU HAST FÜR DEIN START-UP NOCH KEINE HAND GERÜHRT, ALSO ALLES RICHTIG GEMACHT! HAHA!
KLATSCH! PATSCH!
WA-?! STOPP!
ANDERS BEI FINANZIERUNG DURCH CROWDFUNDING. DA SOLLTEST DU DIR SCHON EIN PAAR GEDANKEN MACHEN UND –
STOPP! STOPP!
JULIAN! ODER HANS! HALT DIE KLAPPE! ES GEHT NICHT UM FINANZIERUNG!!
JAUL!
ALSO... IRGENDWIE SCHON... PRIVATES GELD! ERBSCHAFT UND – EGAL! HÖR ZU! HIER IM HOTEL GIBT'S KEIN WLAN UND –
NO GALIÑA IN THE POOL!
SCHREIB BITTE AUF, WAS DU FÜR MICH – HALT! NO! SHE'S MINE! MY GALIÑA! WHAT?! SHE IS NOT! SHE IS OUTSIDE THE POOL! WHAT?! NEVER!
FASZINIEREND. BESSER ALS 'N HÖRBUCH!
WUFF!

HALLO, HANS, DA BIN ICH WIEDER. HIER GAB'S 'N BISSCHEN ÄRGER IM HOTEL.
EIN BISSCHEN? HÖRTE SICH ZIEMLICH HEFTIG AN. WAS WAR LOS? KARIBISCHE HÜHNERKÄMPFE IM POOL?
JA, SEUFZ, KANN MAN SO SAGEN. DIE HOTELLEITUNG IST JEDENFALLS BEMERKENSWERT HUMORLOS.
WAFF!
HABEN UNS - ZACK! - RAUSGEWORFEN! ABER KEIN PROBLEM. KEINER MUSS FRIEREN. WIR HABEN AUCH NACHTS NOCH FAST DREISSIG GRAD, HAHA!
KNACK! KNISTER!
GACK!
WIR HABEN KURTIS ROLLATOR MIT LEBENSMITTELN VOLLGEPACKT UND UNS INS LANDESINNERE DAVONGEMACHT. DER ROMANTIK-INDEX IST NATÜRLICH UM 300% NACH OBEN GESCHNELLT! HAHAHA!
Z Z Z
UND WIR HABEN UNSERE RUHE HIER! BESTE VORAUSSETZUNG FÜR MESSERSCHARFES NACHDENKEN. KLASSISCHE DETEKTIVARBEIT, HAHA! UND DU KANNST UNS MIT INTERNETSUCHE HELFEN.
OKAY...
ZISCH!
KNISTER
FANG AN MIT DEN POLIZEIAKTEN VON CURAÇAO ÜBER LANGZEITTOURISTEN! ICH DENKE, DANN HABEN WIR DEN FISCH AN DER ANGEL!
WAS?
WIE STELLST DU DIR DAS VOR? ICH BIN NICHT DIE NSA! NICHT MAL DER BND! UND EIN BEGNADETER HACKER SCHON GAR NICHT!
OH! KANNST DU DAS NICHT EINFACH GOOGELN?
O MANN, IN WELCHER WELT LEBST DU?! DU BEKOMMST KEINE INFORMATIONEN VON GOOGLE, SONDERN **GIBST** WELCHE! ÜBER MICH! WENN ICH *"POLIZEI"* EINGEBE, WIRD EIN NETTES KLEINES HÄKCHEN IN MEINEM PROFIL UNTER *"ZU NEUGIERIG"* GEMACHT!
PFFF... DU ÜBERTREIBST... PARANOIA...
VON WEGEN. ICH BIN DAZU ÜBERGEGANGEN, VERSTÄRKT MEINE PRIVATEN RESSOURCEN ZU NUTZEN. *SPINOZA!* ER IST EIN ERSTKLASSIGER SUCHHUND MIT EINER FABELHAFTEN INTUITION. ER WIRD DEINEN PAPA SOGAR AUS DER FERNE-
WIFF!
O GOTT! NOCH EIN VOODOO-HUHN!
NICHT HUHN. **HUND!**

OKAY... IN STERNENHELLER KARIBIKNACHT BEGINNT MAN MANCHES FÜR MÖGLICH ZU HALTEN. WIE WILLST DU VORGEHEN?
HUNDE LEBEN IN EINER GERUCHSWELT! SPINOZA VERBINDET GERÜCHE UNFEHLBAR MIT ORTEN, SACHEN UND PERSONEN!
MANN, DAS WEISS NUN WIRKLICH JEDER!
SCHNÜFFEL!
EBEN. DESHALB SAG MIR, WO ICH EINE ALTE SOCKE DEINES PAPIS FINDE UND-ZACK!-HAT SPINOZA IHN GEFUNDEN!
'NE ALTE SOCKE... VERMUTLICH AM BESTEN UNGEWASCHEN... SANTA MARIA! SONST NOCH WAS?! DER MANN IST SEIT ACHT JAHREN ON THE ROAD!
RRR-PÜH! RRR-PÜH! RRR-PÜH!
OKAY... SEIN BRIEFMARKENALBUM! DA HAT ER REICHLICH RUMGEFINGERT... DEINE MUTTER HAT JA EINEN SCHLÜSSEL ZU MEINER WOHNUNG...
NA BITTE! ALLES GERITZT!
SO? NEHMEN WIR MAL AN, DEIN SCHNUPPERKÖNIG NIMMT WITTERUNG AUF-
WIE GEHT'S DANN WEITER? BUCHST DU EINEN LAST-MINUTE-FLUG NACH CURAÇAO FÜR IHN?
SIE HÖREN NICHT ZU, JUNGER MANN. ICH SPRACH VON SPINOZAS LEGENDÄRER INTUITION, DIE-
MOMENT!
ER KONZENTRIERT SICH! ZITTERT! MÖGLICHERWEISE DAS SOGENANNTE FERNSCHNÜFFELN...
?
WARTE... ER BERUHIGT SICH. ROLLT SICH ZUFRIEDEN ZUSAMMEN. TJA... HM... EIGENTLICH MÜSSTE ER DEINEN PAPI JETZT GEFUNDEN HABEN.
GEWISS, GEWISS. UND IN SEINER HUNDEHÜTTE WOHNEN GRÜNE MÄNNCHEN!
KICHER!
TURISTAS MALDITOS! POLICÍA! PUT OUT THE FIRE! APAGA EL FUEGO! YOU ARE ARRESTED!
WIE BITTE? WAS SAGST DU?
GACK!

I CAN'T BELIEVE IT! MAKING FIRE IN THE NATIONAL PARK! WHAT THE HELL-
KILIAN! WAS MACHST DU DENN HIER?!!
PAPS! DU BIST 'N BULLE ?!? DAS HÄTT' ICH JA JETZT NICHT GEDACHT...
GACK!
WERD NICHT FRECH! ICH BEVORZUGE DAS WORT RANGER. HE! WAS IST MIT DEM HUHN LOS?!!
GACK! GACK! GACK!
DARF ICH VORSTELLEN? MARTINA, UNSER VOODOO-SUCHHUHN! SOLLTE DICH FINDEN UND HAT DICH GEFUNDEN! HUT AB!
GLUCK! GLUCK!
LÜGE!
SUCHHUND SPINOZA HAT IHN GEFUNDEN! MIT INTERKONTINENTALER INTUITION! IHM GEBÜHRT DER DANK DES SUCHTRUPPS!
GENAU. DARF ICH VORSTELLEN? JULIAN, GENANNT DER STARKE HANS, SOHN MEINER FREUNDIN JULIA! WAFF KOMMT VON SPINOZA.
WAFF!
DARF ICH WEITER VORSTELLEN? KURTI, OPAS FREUND, AUCH VON BEACHTLICHER INTUITION! ER WIRD DIR SEINE ANLIEGEN PER ZEICHNUNG VORTRAGEN.
WA-?!
UND ICH BIN SNIRK, CHEF VON SNIRKS CAFÉ! KEIN CAFÉ ÜBRIGENS.
SNIRK UND WAFF, SPINOZA UND GACK – MIR KREIST DER HUT! JETZT WEISS ICH WIEDER, WARUM ICH AUF REISEN BIN. TSCHÜS! UND MACHT BITTE DAS FEUER AUS.
HALT!
GRABSCH!
OH! NICHT SCHLECHT GETROFFEN. SCHÄTZE, ICH BIN EUCH EINE ERKLÄRUNG SCHULDIG...
DAS WILL ICH MEINEN.
ALLE: V

BON NOCHI! KON TA BAI?
VORSICHT, MAMA! DER IST BESTIMMT VOM SCHULAMT.
BON BINI!
WILLKOMMEN? VON WEGEN. ICH WÜRDE DIE KERLE LIEBER EINBUCHTEN. KNAPP VORBEI AM WALDBRAND. ABER WAS SOLL MAN MACHEN? VERWANDTSCHAFT...
BON NOCHI!
SEUFZ!
GACK!
ALSO, IHR ZÜNDLER! DAS IST YONG-JOON, MEINE FRAU, DIE KLEINE HEISST DANBI, UND DAS IST FRIEDRICH!
POLICI
DAS HUHN KENN ICH! SUPER SUCHHUHN!
DEINE FRAU? GIBT ES DA NICHT EINE GEWISSE DAME IN FRANKFURT MIT EINEM KÄSESTAND?
PLEASE, COME IN!
OLICIA
ICH SAG MAL: ES GIBT EIN WORT DAFÜR, MON CHER PAPA. *BIGAMIST!* ODER HEIRATS-SCHWINDLER. JE NACH SACHLAGE.
OH, OH! ICH BRECH ZUSAMMEN! MEIN SOHN IST EIN SPIESSER. TERRIBLEMENTE!
QUARK! IST MIR VÖLLIG PIEPE, OB DU IN JEDEM HAFEN 'NE BRAUT HAST! OPA WILL WISSEN, WAS ER MIR VERERBEN KANN!
WIE? WAS? VERERBEN? LIEGT ER IM STERBEN?
NUN – *PROBELIEGEN!* ER HAT SICH 'N MULTI-MEDIA-STERBEBETT GEBAUT! COOLE KISTE, HAHAHA!
SPÄTER! MAMI WIRD NERVÖS.
LASS UNS REINGEHEN, ALTER MANN. WAS GIBT'S ZU ESSEN? SOLLTEST DU NICHT EIN KALB SCHLACHTEN FÜR MICH?
GACK!
BESSER EIN HUHN.
UNTERSTEH DICH! MARTINA GEHÖRT ZUR FAMILIE.
SIE IS'N REINER VOODOO-TITAN! UND DER HUND DES SOHNES MEINER FREUNDIN AUCH!
DEN WILL ICH SEHEN!
BON NOCHI, KOMPAÑERO! WOULD YOU PLEASE DRIVE TONIGHT THE ROUND IN THE PARK FOR ME? YEAH, FAMILY BUSINESS. MASHA DANKI!

KAPITEL 6

NA LOS! KOMM! HINAB IN DIE TIEFE!
OHNE TAUCHER-BRILLE?
TAUCHERBRILLE IST WAS FÜR VERLIERER! WOLLEN DER HERR SOHN AUCH NOCH EIN SAUER-STOFFGERÄT?
WARUM NICHT? GEHÖRT DAZU.
GENAU. FLASCHEN FÜR FLASCHEN! HAHAHA!
MANN, ALTER, JETZT HAU MAL NICHT SO AUF'N PUTZ! ZUERST DIESE FIDEL-CASTRO-NUMMER FÜR ARME-
- UND JETZT MACHST DU EINEN AUF TAUCHGENIE! ERSPAR MIR DAS BITTE!
VORSICHT, PÜPPI! HIER WIRD'S SOFORT TIEF.
PÜPPI? DU HAST MICH FRÜHER PÜPPI GENANNT? ECHT?
DEINE MUTTER. SIE HAT DIR GERN HÜBSCHE SACHEN ANGEZOGEN. WARST JA AUCH EIN NIEDLICHES BÜBCHEN!
HÖR ZU, MISTER FISCHER! MIR PASST DAS NICHT, WENN DU HIER STORYS RAUSHAUST, DIE ICH NICHT ÜBERPRÜFEN KANN. DIE NOSTALGIE-DADDY-NUMMER LÄUFT NICHT. DAFÜR WARST DU ZU LANG WEG.
OKAY, OKAY, REG DICH AB!
UND LASS DAS NERVÖSE GEPADDEL! VOR DEM TAUCHGANG RUHE UND SAMMLUNG.
UND AUF DAS PAPI-ERKLÄRT-DIE-WELT-DING VERZICHTE ICH AUCH!!!
PLATSCH!
SANTA MARIA, BIST DU ABER EIGEN! WIE HÄTTEST DU'S DENN GERN?
EGAL. LASS UNS DAS THEMA BEENDEN. DU WOLLTEST MIR 'NE UNTERWASSER-HÖHLE ZEIGEN...
GENAU! KORALLEN! SCHARFKANTIG! BIST DU BEREIT, RÜCKWÄRTS ZU TAUCHEN? DEN ATEM BIS ZUR GRENZE ANZUHALTEN?
NUR WAHRE MÄNNER-
MON DIEU. JETZT KOMMT DIE PUTIN-NUMMER.

OH!
IST ER DA WIRKLICH REINGETAUCHT? DER NACKTE WAHNSINN! ICH HAB'S MIT EINEM IRREN ZU TUN.
MEINE LUFT WIRD KNAPP. ICH MUSS HOCH!
AAAH! LUFT!
SCHNAPP!
WIE LANG WIRD ER DIE LUFT ANHALTEN KÖNNEN? DOPPELT SO LANG WIE ICH? DREIMAL?
HERRGOTT! ICH HASSE DIESE SINNLOSEN AKTIONEN! WO BLEIBT DER IDIOT ?!?!
ICH MUSS WIEDER REIN! IHN RETTEN!
PIEP!
STUPS!
OH! DIE HÖHLE HAT EINEN AUSGANG ?!?
BRÖP!
WARUM SAGT MIR DAS KEINER? MAN SORGT SICH FÜR NIX !!!
FAMILY BUSINESS. VERSTEHE.
HE IS THE CURAÇAO POLICIA BEST DIVER! BESTER TAUCHER! MEJOR BUCEADOR! MEILLEUR PLONGEUR! THAT IS A VERY DANGEROUS UNDERWATER CAVE! DIE GEFÄHRLICHSTE KORALLENHÖHLE DER KARIBIK! HE MUST DIVE BACKWARD! PLEASE SUPPORT THE CURAÇAO NATIONAL PARK POLICIA!
GEBEN SIE TRINKGELD?
KEIN STÜCK. ALL INCLUSIVE.
MS DREAM
MS DREAM
MS DREAM
MS DREAM

ZWISCHENBERICHT? JA, KLAR, KANN ICH DIR GEBEN, OPA. WOZU BRAUCHST DU EINEN ZWISCHENBERICHT?
VIELLEICHT ERINNERST DU DICH DARAN, DASS ICH FÜR DEINE LUXUSFERNREISE AUFKOMME. ALSO, WIE IST DIE LAGE?
LUXUS? HA! ICH SCHLAFE IN DER BADEWANNE! DEIN FREUND KURTI BRAUCHT EIN DOPPELBETT FÜR SICH ALLEIN!
KATER WOLLE SCHÄTZT SEIN SCHLAFPLÄTZCHEN IN DER BADEWANNE SEHR! HIHI! HÖR ZU, ENKELCHEN–
KRAUL!
– JAMMERN KANNST DU, WENN DU WIEDER DAHEIM BEI OPI BIST. IM MOMENT MÖCHTE ICH JEDOCH WISSEN, WAS DIE DETEKTEI SNIRK & KURTI GELEISTET HAT!
GACK! GACK!
GACK, GACK? DU MEINST, DIE ALTEN SOLLTEN NICHT SO VIEL GACKERN?!? HÖR ZU! ICH WERDE–
NEIN!
DAS WAR MARTINA, UNSER VOODOO-BLUT-MAGIE-HUHN. SIE HAT PAPA GEFUNDEN. MIT HILFE VON SPINOZA, DEM SUPERHUND, DER INTERKONTINENTAL-
NIMMST DU DROGEN, JUNGE?
YONG-JOON BRINGT MIR GERADE EINEN BLUE-BAY-DIVE-COCKTAIL. DA ARBEITET SIE NÄMLICH. KEIN ÜBLER DRINK, WENN DU SCHON FRAGST, HAHA! UND FREMDENFÜHRERIN IST SIE AUCH. FÜR DIE KREUZ-FAHRT-DEPPEN, HAHAHA!
BLUE BAY DIVE
THANKS, STIEF-MÜTTERCHEN!
GACK!
OKAY… STICHWORT DROGEN. UM PAPA, DEIN REISEFREUDIGES SÖHNCHEN, MACH ICH MIR SCHON SORGEN. ER STEHT VOLLE KANNE AUF ADRENALIN.
ER MACHT SUPERGEFÄHRLICHE SACHEN UND FINDET DAS TOTAL LUSTIG. LEBENSGEFÄHRLICHE!
HE! DIE MUSIK KENN ICH DOCH! BEETHOVEN! PASTORALE!
DEINE HÖCHSTPERSÖNLICHE STERBEMUSIK! NA, SAUBER! DA WISSEN WIR JA, WO ER DAS HERHAT.
WIE NENNT DEINE FREUNDIN DICH? WAR'S NICHT WOLLMAUS? EINE WOLL-MAUS VON GERINGEM VERSTAND? ALSO, WOLLMAUS, DU VERWECHSELST DA WAS. DIESE MUSIK IST FÜR MICH LEBEN! VERSTANDEVOUS? UND DIESE GEFÄHRLICHEN SACHEN FÜR DEINEN PAPA VIELLEICHT AUCH.
SEI NICHT SO STRENG.

SCHLORZ!
TJA... VIELLEICHT HAT OPA SO UNRECHT NICHT... WERDE MIR DIESEN POLICÍA-TAUCHER IN RUHE ANSEHEN...
NA? GEHST DU MIT MIR EIN STÜCK, ALTER?
GERN.
DIE ANREDE "ALTER" MUSS SEIN? IST DAS JETZT ÜBLICH IN DEUTSCHLAND?
ÜBLICH? KEINE AHNUNG. IST SO'N IMMIGRANTEN- UND UNTERSCHICHTDING. WIRD ABER AUCH IRONISCH GEBRAUCHT. NEIN, WAS SAG ICH, JEDER DEPP FINDET DAS LUSTIG. ALLE COMEDIANS.
COMEDIANS?
JA, DAVON GIBT'S 'NE GANZE MENGE. ICH MACH MIR NICHTS DRAUS. ABER IM PRINZIP VERSTEH ICH SIE.
UND DAS HEISST?
SIND LEUTE WIE ICH. KEINEN BERUF, ABER DAS DEUTLICHE GEFÜHL, ES WÄR NICHT FALSCH, MÖGLICHST BALD DIE LANGE ASCHE ABZUGREIFEN.
HM.
ICH MEINE – JEDER, WIE ER WILL... ABER IST DIR GELD DENN WIRKLICH WICHTIG?
TJA... WÜRD ICH SCHON SAGEN.
VERMUTLICH LIEST DU KEINE DEUTSCHEN ZEITUNGEN... IST SCHON 'N THEMA BEI LEUTEN MEINES ALTERS... KOHLE MACHEN ODER ALTERSARMUT...
DIE STAATLICHE RENTE WIRD DERMASSEN IN DIE KNIE GEHEN, DAS IST SCHON NICHT MEHR FEIERLICH! STEHT SCHON HEUTE UNABÄNDERLICH –
STOPP! STOPP! STOPP!
WIE ALT BIST DU? 27?
28!
28, RICHTIG! MENSCH, JUNGE! IN DEINEM ALTER HAT MICH AUSSCHLIESSLICH INTERESSIERT, WELCHE MIEZE MIR DAS KISSEN WÄRMT! RENTE! ICH BITT DICH!
ICH HAB 'NE FESTE FREUNDIN.
AUCH GUT. NIX DAGEGEN.

WIR FANGEN GANZ EINFACH AN: DU ATMEST TIEF EIN UND HÄLTST DIE LUFT AN.
DAS IST FÜR ANFÄNGER AM BESTEN. AB UND ZU EIN BISSCHEN LUFT RAUSLASSEN. ICH STOPPE DIE ZEIT. ALLES KLAR?
ANFÄNGER? MANN, ICH WAR SURFLEHRER!
HABT IHR DA ATEMÜBUNGEN GEMACHT?
NÖ. TAUCHEN WAR NICHT VORGESEHEN. DO IT STANDING UP, ALTER!
NA, WIR WERDEN JA SEHEN. EINATMEN UND – LOS! EINE SEKUNDE, 2, 3, 4, 5, 6, 7, 8, 9, 10 –
... 23, 24, 25, 26, 27 – 27! HM... MEHR SCHAFFST DU NICHT?
AAAH!
FAST 'NE HALBE MINUTE! IST DOCH GUT!
TJA. WENN ICH OHNE HEKTIK TAUCHE, HAB ICH 6 MINUTEN.
OKAY, OKAY. DU SOLLTEST ZU „WETTEN, DASS..?" GEHEN! ABER BEEIL DICH, GIBT'S NICHT MEHR LANG. LUFT ANHALTEN – BESCHEUERT!
HM... BIN ICH NICHT GANZ DEINER MEINUNG. SAG MAL – WÜRDEST DU DEINEM ALTEN PAPA EINE FREUDE MACHEN? EIN PAAR KLEINE ÜBUNGEN NACH MEINER ANLEITUNG? DU KANNST LIEGEN ODER SITZEN, GANZ WIE DU WILLST.
SITZEN!
KONZENTRIER DICH BITTE AUF DEINEN RECHTEN FUSS! WIE FÜHLT SICH DER AN? NICHT NACHDENKEN, SONDERN NACHSPÜREN.
NEIN, NIX! DIE TIBETHAUSKISTE KLAPPT BEI MIR NICHT!
LANGSAM. VERGISS TIBET. IST DOCH NUR DEIN GUTES ALTES FÜSSCHEN, DEM DU EIN WENIG AUFMERKSAMKEIT SCHENKEN SOLLST. KLAR, DU HAST ANDERE SORGEN, ABER – WIE GESAGT – TU'S MIR ZULIEBE!
SEUFZ! WENN'S DER WAHRHEITSFINDUNG DIENT...
NIX WAHRHEIT. NUR DAMIT DU KAPIERST, DASS DU HIER SITZT.

OKAY, NOCH MAL... SPÜRST DU DEINEN FUSS?
ICH BIN NICHT SICHER.
EHER WARM ODER EHER KALT?
KEINE AHNUNG! WARM, NEHM ICH AN. WIR HABEN 30° IM SCHATTEN! WER ACHTET DENN AUF SO WAS?!? MIT FÜSSEN WIRD GELAUFEN! PENG! AUS DIE MAUS!
OKAY...FÜSSE SIND WEIT WEG VOM WAHRNEHMUNGS-ZENTRUM. VIELLEICHT ZU SCHWIERIG. WIE WÄR'S MIT ATMEN? BRUST, BAUCH...
ORT: CURAÇAO, STRAND. ZEIT: JETZT. MACH DIR'S GEMÜTLICH WIE 'N TOURIST, ABER ACHTE AUF DEIN ATMEN.
SEUFZ... NA GUT. ABER WAHRSCHEINLICH SCHLAF ICH AUF DER STELLE EIN. MIST, ICH HAB MEINE SONNENBRILLE NICHT DABEI!
OKAY... ATMEN. BRUST HEBT SICH, BRUST SENKT SICH. ODER DER BAUCH. GANZ WIE'S GEWÜNSCHT WIRD. HAHAHA!
NICHT QUASSELN.
OKAY... JETZT HAB ICH FÜNF MINUTEN LANG GEATMET UND—
ZWEI!
ZWEI. VON MIR AUS. NEIN! 28 JAHRE HAB ICH GEATMET! GOTT SEI DANK AUTOMATISCH!
HÖR ZU, DADDY! ICH HAB EINFACH KEINE ZEIT FÜR DIESEN ZEN-KRAM! UND PAPI ALS GURU IST SICHER AUCH NICHT IM SINNE VOM OLLEN BUDDHA.
ODER FREUD.
OPA HAT MICH BEAUFTRAGT ZU GUCKEN, WAS HIER LOS IST! VON LEBENS-SINN WAR NICHT DIE REDE!
NÄCHSTE WOCHE FLIEG ICH ZURÜCK, UND ES IST NOCH NICHTS GEKLÄRT. DAS MACHT MIR ECHT SORGEN!
OPAS AUFTRAG IST VERGANGENHEIT, NÄCHSTE WOCHE UND SORGEN SIND ZUKUNFT. WAS IST MIT GEGENWART?
GEGENWART? KEINE AHNUNG. VERMUTLICH PURER LUXUS. FOR CURAÇAO POLICÍA ZEN MAESTRO ONLY.
NÖ. NIX. SO BILLIG KOMMST DU MIR NICHT DAVON. HAST DU NICHT PHILOSOPHIE STUDIERT?
BRÖÖÖ!
HA! HA! HA!

NUR GEGENWART IST REAL!
KÄSE!
GEGENWART IST GENAUSO EIN GEDANKLICHES KONSTRUKT WIE VERGANGENHEIT UND ZUKUNFT. REAL ERFAHRBAR SIND DEINE HOFFENTLICH WARMEN FÜSSE, DENEN DU SO VIEL AUFMERKSAMKEIT WIDMEST!
BLUE BAY DIVE
GEDANKEN SIND AUCH REAL!
MEINST DU EXISTENT? ABER OKAY, WER KÖNNTE DICH HINDERN, REALITÄT AUF DEINE WEISE ZU DEFINIEREN?! KEINEN STREIT, DADDY!
ICH HAB ZWAR PRAKTISCH ALLES VERGESSEN, WOMIT ICH MICH AN DER UNI RUMGESCHLAGEN HAB, ABER EINS WEISS ICH NOCH ÜBERS PHILOSOPHIEREN:
HAHAHA!
WENN DU BEGRIFFE NICHT AUF DIESELBE WEISE VERSTEHST, KANNST DU GLEICH NACH HAUSE GEHEN! HAHAHA!
SUMM!
HEY, ALTER, ICH WEISS DOCH, DASS DU'S GUT MEINST MIT DEINEM BODY-SCAN UND ACHTSAMKEITSTRAINING!
DAS SÖHNCHEN SOLL LOSLASSEN UND UNBESCHWERT DIE SCHÖNHEIT DEINER INSEL GENIESSEN! OPA, ERBSCHAFT, GELD – GO AWAY! HERE COMES THE SUN! EL SOL! YEAH! SI SI! HOPI BON! HOPI DUSHI!
BUT, PA, I TELL YOU WHAT: DEIN PRACHTSOHN IST MIT DER GABE DES MULTITASKING GESEGNET! YEP!
ICH KANN MIR SORGEN MACHEN ÜBER DIE VERGREISUNG DER DEUTSCHEN GESELLSCHAFT UND DIE MINDERUNG MEINER ERBAUSSICHTEN DURCH DEINE ZAHLREICHEN NACHKOMMEN UND DENNOCH MIT ALLEN SINNEN DEN ZAUBER DER KARIBISCHEN FLORA UND – AU!
VORSICHT!
GUT, DASS DU EINEN NATIONAL PARK RANGER AN DEINER SEITE HAST. DER SAFT DIESER AGAVE WIRD DEN INSEKTENSTICH–
LASS DIR ZEIT! MULTITASKING! ICH KANN GLEICHZEITIG DEN UNERHÖRTEN SCHMERZ – NEIN! KANN ICH NICHT! HER MIT DEM SAFT! AU! AU! AU!
MISTVIECHER, ELENDE!

WER LACHT, KRIEGT WAS AUF DIE NASE. DER SIEHT DANN AUS WIE ICH, DAS SCHWÖR ICH EUCH!
BLUE BAY DIVE
POOR BOY. ICH HABE BUENA MEDICINA.
BOY IST GUT. WIE ALT BIST DU DENN, STIEFMÜTTERCHEN?
ALT GENUG, UM DICH ZU VERARZTEN, POOR BOY!
HIHI!
GACK!
OKAY... FERTIG!
GRACIAS!
DE NADA.
HM...
JACK!
JACK NICHOLSON IN *CHINATOWN*! HAB ICH ALS STUDENT GESEHEN! JETZT SIEHST DU AUS WIE 'N RICHTIGER DETEKTIV!
PRETTY BOY!
COOL!
GACK!
SUPER!
PIEP!
ICH AUCH!
ME TOO!
GACK!
HOPI BON!
UND JETZT MACHEN WIR EIN GRUPPENSELFIE!
CHEESE!
HA! ICH WERD **LIKES** OHNE ENDE BEKOMMEN! BIST DU AUCH BEI FACEBOOK?
ÖH... NEIN. ICH SEH DAS KRITISCH.
ABER KANNST DU DAS BILD AN JULIA UND HANS SCHICKEN?
WISCH!
FÜR OPA MÜSSEN WIR'S AUSDRUCKEN.

KAPITEL 7

SO, DIE NASE IST WIEDER GUT. JETZT IST SCHLUSS MIT FAMILIEN-IDYLLE.
KURTI! WIR HABEN EINEN KLAREN AUFTRAG, UND DER IST NICHT, SICH DEN PELZ BRAUN BRENNEN ZU LASSEN!
?
WENN ICH DEN SPÄRLICHEN AUSKÜNFTEN MEINES DADDYS TRAUEN DARF, IST ER ZUMINDEST KEIN BIGAMIST.
ER IST JA NICHT DOOF. IMMERHIN HAT ER'S HIER BIS ZUM KAKTUSBULLEN GEBRACHT. ALS DER KLEINE FRIEDRICH UNTERWEGS WAR, HABEN SIE SICH TIEF IN DIE AUGEN GEBLICKT UND *"FOREVER YOUNG"* GEHAUCHT. NEIN, KLEINER SCHERZ, ES WAR WOHL: *"FOREVER TOGETHER"*.
DU –? AUCH DAS NOCH. KURTI, DAS WÜRD ICH MAL GANZ SCHNELL VERGESSEN.
DARAUS WIRD NICHTS. HÖR ZU, PARTNER, WIR SIND PROFIS, GANZ COOLE KNOCHEN! DA WIRD SICH NICHT VERLIEBT. DIE DAME IST TABU.
PROFIS DENKEN ANS GELD! WAS BEDEUTET PAPAS NEUE FAMILIE FÜR OPA FINANZIELL?!? DAS IST DER PUNKT!
ICH VERMUTE, AUSSER PAPA HAT KEINER ERBANSPRÜCHE. ANDERERSEITS IST SEINE NEUE FAMILIE JA ECHT NIEDLICH. SEUFZ!
WAS KRITZELST DU DA?
WAS, WAS, WAS? EINE FEDER VOM VOODOO-HUHN MARTINA VERZAUBERT STIEFMÜTTERCHEN? KURTI! *SNIRKS CAFÉ* IST EINE SERIÖSE FIRMA!
CAO

OH!
UM DIESE ZEIT KANN DAS NUR MEINE WOLLMAUS SEIN!
HALLO, WOLLMÄUSCHEN! LIEB, DASS DU ANRUFST. KANNST DU NICHT SCHLAFEN? IST DOCH SCHON NACH MITTERNACHT BEI EUCH. IST ES ZU WARM?
JULIA. LIEBSTE.
ZU WARM IST ES NICHT. ICH SCHLAF DRAUSSEN. GEHT SOGAR EIN BISSCHEN WIND. ABER EINFACH HAB ICH'S NICHT.
MEIN VATER MACHT GLEICHZEITIG AUF SUPERMANN UND WEISHEITSBOLZEN – SCHWER ZU ERTRAGEN. OKAY... DAMIT KOMM ICH KLAR. ABER JETZT FÄNGT AUCH NOCH KURTI AN ZU SPINNEN!
SO?
PLÄTSCHER!
HAT SICH VERLIEBT, DER DUMMBEUTEL! IN STIEFMÜTTERCHEN! OKAY... VERSTEHEN KANN MAN'S. SIE SIEHT NICHT ÜBEL AUS... ECHT... EHER ZIEMLICH GUT. JA...
SO?
JA, HAHA! TOTAL! WENN ICH KURTI NICHT AM HACKEN HÄTTE, WÜRDE ICH –
DU WÜRDEST **WAS**?
HEY, JULIMAUS, KLEINER SPASS! YOU KNOW WHAT I LIKE! AUSSERDEM WÄR'S GEFÄHRLICH, SICH AN PAPAS GIRL RANZUMACHEN.
ER IST RANGER! HAT SICHER IRGENDWO IM SCHRANK 'NE MÖRDERWUMME, HAHAHA!
HE! WARUM ISST DU MITTEN IN DER NACHT?
SCHLUCK! KAU!
FRÜHSTÜCK, HERR SNIRK! HIER IST HELLER TAG. UND ICH HAB HEUT 'NE MENGE STUNDEN. ALLEIN DREI SCHÜLER MIT SCHUBERTS SCHÖNER MÜLLERIN.
"ACH UNTEN, DA UNTEN DIE KÜHLE RUH!"
DU MUSST VORSICHTIG SEIN. VIELLEICHT IST DEIN KURTI ROMANTISCH VERANLAGT... KÜHLE BÄCHLEIN HABT IHR VIELLEICHT NICHT, ABER DOCH WASSER GENUG...
JULIA! SAG NICHT SO WAS! UND WIESO **MEIN** KURTI?! KANNST DU NICHT RÜBERKOMMEN UND AUFPASSEN?!?

PIEP!
KURTI!
DARF ICH AUCH MARTINA STREICHELN ?!?
SURE.
STREICHEL!
MARTINA IST LIEB! HOPI LIEB! MI STIMABO MARTINA!
STREICHEL!
MAMI! COME QUICK! MARTINA STREICHELN!
?!!
Hard Rock Café CURACAO
NEIN! NICHT!
DO NOT TOUCH MARTINA! SHE HAS THE CHICKEN PLAGUE! HOPI PELIGROSO!
WIE BITTE?
LISTEN, SON! ICH WEISS ALLES ÜBER HÜHNER. ICH BIN MIT IHNEN AUFGEWACHSEN! THIS HEN IS ABSOLUTELY HEALTHY. GLAUB MIR!
ÄCHZ!
I ♥ CURACAO
DU MACHST JETZT MAL GANZ SCHNELL DIE FLATTER, PARTNER! UND NIMM DEINE VOODOO-HEXE MIT! HALT, DER WISCH BLEIBT HIER.
?
LISTEN, STIEFMÜTTERCHEN! KURTI LIEBT DICH. HIER IST DER BEWEIS. OKAY. ICH VERMUTE, DU WIRST IHM NICHT SEHR WEIT ENTGEGENKOMMEN WOLLEN. DANN HABEN WIR EVENTUELL EIN PROBLEM. SCHUBERT WIRST DU NICHT KENNEN...
DOCH.
"DIE SCHÖNE MÜLLERIN". OH! GASP! YOU THINK...

BIN GESPANNT, OB KURTI MIT STIEFMÜTTERCHENS LIEBESBEWEIS ZUFRIEDEN IST! AH, DA KOMMT ER.
SCHAU MAL, KURTI! DAS T-SHIRT HAT SICH YONG-JOON MACHEN LASSEN! COOL, WAS?
DO YOU LIKE IT?
I ♥ KURTI
BOFF! BOFF! BOFF!
DIR GEFÄLLT'S? SUPER! ICH FIND'S AUCH GENIAL. I LOVE KURTI! YES!
HIHI!
TOCK! TOCK!
WAS? VERSTEH NICHT. DEIN HEMD?
TOCK! TOCK! TOCK!
GACK!
ACH SO! DU WILLST AUCH EIN NEUES T-SHIRT HABEN! KEIN PROBLEM. AUF ZUM SHOP!
KING-T-SHIRT PRINTING TO GO!
10% OFF
SIX-XL WOULD FIT PERFECTLY!
I ♥ ? NO PROBLEM.
I KNEW IT!
SALE
KING T-SHIRTS
KING T-SHIRT
MORE PRINTING? ON SAME SHIRT? NO PROBLEM. IT IS BIG ENOUGH.
I ♥
OKAY, OKAY. BETTER WE TAKE TEN-XL! NO PROBLEM.
I ♥
I ♥
I ♥
I ♥
I ♥
I ♥
FALSCHER ALARM. DER MANN HÄLT PRAKTISCH NICHTS VON SCHUBERTS KÜHLEM BACH.
GIB MIR DEN PENNER AUCH MAL.
GUT.
PLÄTSCHER!

COOLES T-SHIRT, KURTI. ABER TOTAL!
HE, WAS IST LOS, PARTNER? WARUM GUCKST DU SO TRÜB?
SCHNIEF!
JA. VERSTEHE.
DEIN BESTER FREUND. UND WIR SIND SCHON ZWEI WOCHEN LÄNGER HIER ALS GEPLANT.
OKAY. DAS SEH ICH EIN. VERMUTLICH VERMISST OPA DICH AUCH. WIR BRECHEN UNSERE ZELTE AB.
BAFF!
OBWOHL ES EIN ECHTER JAMMER IST! DAS MUSST DU ZUGEBEN, KURTI! ICH WAR JA KAUM IM WASSER! NUR BEI DIESEM DOOFEN TAUCHEN.
UND DEIN GUMMIHAI VERTROCKNET IN DER STUBE!
TAUSEND DINGE HAB ICH NOCH NICHT GEMACHT! DAS IST DIE **KARIBIK**, MANN!!!
NOCH NICHT MAL GESURFT HAB ICH! ICH FASSE ES NICHT! DU HAST DICH WENIGSTENS ASTREIN ABGEFÜLLT! **BLUE CURAÇAO!** HOPI BLUE! **YES!**
HIHIHI!
GAR NICHT DAVON ZU REDEN, DASS ICH'S NICHT WIRKLICH BEI YONG-JOON VERSUCHT HAB... IST NICHT DER GENTRANSFER DIE VORNEHMSTE PFLICHT EINES JUNGEN MANNES? NA JA, VIELLEICHT NICHT AUSGERECHNET MIT DER STIEFMUTTER... OBWOHL... VIELLEICHT WÄR'S EIN IRRER KICK FÜR SIE... MIT IHREM MANN IN JUNG... HAB ICH MAL GELESEN...
PIEP!

PAPA! STIEFMÜTTERCHEN! SCHWESTERLEIN UND BRÜDERLEIN! KURTI, MEIN FREUND! ES FREUT MICH, DASS IHR ALLE ERSCHIENEN SEID!
WO SOLLEN WIR DENN SONST SEIN?! ES GIBT DINNER!
WILLST DU ETWA 'NE REDE HALTEN? SPEAK FAST, ICH HAB DIENST!
MAMI! WHAT IS SCHWESTERLEIN?
LITTLE SISTER, DARLING!
NUN-
-DA WIR EUCH BALD VERLASSEN WERDEN, SOLLTEN WIR NOCH ÜBER EINIGES SPRECHEN. ICH HAB HIER EIN PAAR TOPS NOTIERT-
MAMI! WHAT IS TOPS?
TOPS? AT THE TOP, DARLING. OBEN. VERY WICHTIG.
PLATSCH!
NEIN. NIX. TOPS SIND TAGESORDNUNGSPUNKTE. OB SIE WICHTIG SIND, STELLT SICH MEIST ERST IN DER DISKUSSION HERAUS.
OH. NICE.
OH MY GOD! EIN VEREINSMÜLLER. ÖH... -MEIER!
BEI UNS IM TENNISCLUB FAHREN WIR AUF DER JAHRESHAUPTVERSAMMLUNG SEHR GUT DAMIT. ES WIRD EINFACH NICHTS VERGESSEN!
HAT MIT MÜLLER ODER MEIER NICHTS ZU TUN.
MÜLLER IST COOL! DEUTSCHLAND WIRD WELTMEISTER!
GÖTZE LOOKS BETTER! HIHIHI!
KINDER! BE QUIET! UNTERBRECHT EUREN BRUDER NICHT.
DANKE.
ALSO... ICH MUSS VORAUSSCHICKEN, DASS MICH MANCHES EIGENTLICH NICHTS ANGEHT, ABER... NA JA, WIR SIND EINE FAMILIE UND -
DA WÄRE ERSTENS DIE SACHE MIT DER SCHULPFLICHT. MIR IST AUFGEFALLEN, DASS FRIEDRICH-
HA! ICH HAB'S GEWUSST! ER IST DOCH VOM SCHULAMT!
LISTEN, SON! HE IS A TEACHER HIMSELF! TWO OF HIS FRIENDS HAVE LEARNED GERMAN FROM HIM!
TRANQUILO, FRIEDO!
PUH! SEUFZ! LEUTE, ICH WILL EUCH DOCH NICHTS BÖSES. KÖNNEN WIR NICHT IN ALLER RUHE EINEN TOP NACH DEM ANDEREN BESPRECHEN?

FRIEDRICH HAS PROBLEMS MIT DEN NIEDERLÄNDISCHEN SCHOOL BOOKS HERE.
DIE SIND DOOF!
ABER ICH KANN TAUSEND ANDERE SPRACHEN! DABEI BIN ICH ERST SIEBEN!
SO? MUSS ICH ÜBERPRÜFEN. WAS HEISST "MEIN BRUDER IST KLUG, UND ICH BEFOLGE SEINEN RAT"?
MY BROTHER IS STU- ÄH - SMART AND I FOLLOW HIS ADVICE.
ABER NICHT IN ECHT!
OKAY... IN SPANISCH?
MI HERMANO ES INTELIGENTE - ÄH... WER'S GLAUBT - Y YO SIGO SU CONSEJO.
HM. LEIDER KANN ICH KAUM SPANISCH. HÖRT SICH ABER NICHT GANZ FALSCH AN.
PAPIAMENTO KANN ICH AUCH!
HOPI BON! KANN LEIDER NICHT VIEL MEHR. UND WIE SIEHT'S AUS MIT KOREANISCH? DEINER MUTTERSPRACHE?
DAS IST BABYLEICHT! 내동생은 바보입니다!
FRIEDO! BEHAVE YOURSELF!
WAS WAR DAS JETZT? MEIN BRUDER IST 'NE SCHWUCHTEL?
NO! WIE KOMMST DU DARAUF? DAS WORT KENNT ER NICHT. ÄH... I HOPE SO. IT WAS JUST DISRESPECTFUL.
IDIOT.
HIHI!
OKAY, OKAY... WAR'S DAS JETZT MIT DEINEN TAGESORDNUNGSPUNKTEN? ICH MUSS LOS.
KOMMST DU MIT?
POLICIA
ABER NEIN! DAS WAR ERST DER ERSTE! UND NOCH NICHT AUSDISKUTIERT! IN DEUTSCHLAND IST BILDUNG ALS PRAKTISCH EINZIGE SICHERUNG DER ZUKUNFT DER KINDER EIN RIESENTHEMA. ICH KANN DIR TAUSEND ARTIKEL DAZU AUSDRUCKEN UND-
NEIN HEISST NICHT MITKOMMEN?
NEIN. WIESO? KLAR KOMM ICH MIT!
WOVON HANDELN DENN DEINE ANDEREN TAGESORDNUNGSPUNKTE?
NA JA... WIE ES WEITERGEHEN SOLL... IM WESENTLICHEN ALSO VON KIES, MOOS, FLÖHEN... GELD EBEN!

HE! WARUM NIMMST DU MARTINA MIT?
GACK!
TEST.
MAL SEHEN, WAS SIE DRAUFHAT ALS SUCHHUHN.
WAS SUCHST DU DENN?
PFLANZEN-DIEBE.
BRÖÖ!
RUMPEL!
PFLANZEN? WER KLAUT DENN PFLANZEN?!? HIER STEHEN DOCH 'NE MILLION DAVON RUM!
SEHR KNAPP GESCHÄTZT.
ORCHIDEEN, HIBISKUS, ALOE VERA, MORINGA – HAT ALLES 'N MARKT, KANN MAN ALLES SAMMELN. ICH SAG NICHT, DASS ES 'N RIESENGESCHÄFT IST, ABER VANDALISMUS IST ES BESTIMMT! DAS IST 'N NATIONALPARK! UND ICH BIN –
NATIONAL-PARKBULLE.
RIGHT.
BRÖÖ!
KLANK!
KLONK!
OKAY. LET'S TRY.
HAST DU DIE LEINE MIT? KURTI WÄR TODUNGLÜCKLICH, WENN MARTINA VERLOREN GINGE.
HEY, DIE ZIEHT JA LOS! ALS HÄTT SIE KAPIERT, WORUM ES GEHT.
HAT SIE!
DOCH EINE STUNDE SPÄTER…
OKAY, DAS WAR'S! HAB BLASEN AN DEN FÜSSEN. MARTINA, DU BIST EINE SCHANDE FÜR DIE VOODOO-ZUNFT!
WARTE! SIE BLEIBT STEHEN!
KNACK! RASCHEL!
TAPP! TAPP! TAPP! TAPP! TAPP!
DIEBE! DA RENNEN SIE! RAUS MIT DER KANONE! WARNSCHUSS! IN DIE BEINE!
GACK! GACK!
SIMMER DOWN, JUNIOR! MANN, BIST DU BLUTRÜNSTIG. SO HAB ICH DICH NICHT ERZOGEN.
DU HAST MICH ÜBERHAUPT NICHT ERZOGEN!
ICH DACHTE, DU WOLLTEST DIE KERLE KRIEGEN.
PUTT! PUTT!
HAB SIE ERKANNT. MORGEN BEKOMMEN SIE BESUCH VON MIR. VOLLER ERFOLG ALSO. DANK MARTINA! LEIHST DU MIR DEN VOGEL?
GACK!

TUT MIR LEID, ALTER MANN. MARTINA WIRD NICHT IM DSCHUNGEL VERHEIZT.
DEINE DOOFEN PFLANZENDIEBE HAT SIE MIT LINKS GEFANGEN! MIT INTUITION.
WAS GLAUBST DU, WOZU SIE ERST FÄHIG IST, WENN SIE MIT BLUTMAGIE ARBEITET!
SCHLORZ!
POLICE DIVE SCHOOL
NICHTS BLEIBT IHR VERBORGEN! THE SKY IS THE LIMIT! LECKERE KÖRNER GEFÄLLIG?
HM... DA KOMMT MIR DOCH EIN BRILLANTER GEDANKE...
PICK! PICK! PICK!
EHRWÜRDIGER VORFAHR! TAGESORDNUNGS-PUNKT KOHLE! DU BIST ZWAR NUR EIN KRÄUTER-SCHUPO, ABER VERMUTLICH HAST DU BLENDENDE KONTAKTE ZUR KRIPO!
GEHT SO. NORMAL. WILLST DU MEINE KOLLEGEN ANPUMPEN?
POLICE DIVE SCHOOL
QUARK! GUTES GELD FÜR GUTE ARBEIT IST DAS MOTTO VON SNIRKS CAFÉ VOODOO SEARCHING UNLIMITED!
GACK!
LIMITED.
BITTE?
ES HEISST LIMITED. FIRMA MIT BEGRENZTER HAFTUNG. SICHERER.
NIX. HABEN WIR NICHT NÖTIG. JEDER AUFTRAG EIN ERFOLG.
NICHT SO STUR, DADDY! WICHTIG IST, DASS ICH EINEN FUSS IN DIE TÜR BEKOMME. VERBORGENE SCHÄTZE, VERMISSTE PERSONEN, VERSCHWUN-DENE LEICHEN! SO WAS!
SORRY.
ICH HAB MIR HIER ALS AUSLÄNDER MIT VIEL MÜHE EINE GUTE POSITION GE-SCHAFFEN. DAS GEB ICH NICHT AUF FÜR JEDES HÜHNERGEKASPER.
WAS?!? HAT SIE DIE DIEBE GEFANGEN, ODER NICHT?!!
POLICE DIVE SCHOOL
PIEP!
HUNDERTTAUSEND HEULENDE HÖLLEN-HUNDE! LEGT MIR DENN HIER JEDER STEINE IN DEN WEG?!? DU WILLST ZURÜCK ZU OPA? WEISS ICH! VERSPROCHEN! ABER DOCH NICHT GERADE JETZT, WO DIE GESCHÄFTE ENDLICH BRUMMEN!
GACK!

TUT DEN ALTEN KNOCHEN GUT, DIE HITZE. STIMMT'S, WOLLE?
NORMAL HILFT JA KURTI BEIM AUSPUTZEN DER ROSEN. KANN ER GUT.
ABER DIESES JAHR IST ER FAHNENFLÜCHTIG. VERBRECHER!
KNIPS!
UND DU GEHST MIR AUCH NICHT ZUR HAND, WOLLE!
ZZZ
EINSAMKEIT, DEIN NAME IST ALTER!
KNIPS!
UND DANN NOCH DIESE FRECHEN ANRUFE! DER REINE HOHN!
SUMM!
RRRING! RRRING! RRRING!
ICH KAUFE NICHTS! UMFRAGEN INTERESSIEREN MICH NICHT! ICH BRAUCH KEINE NEUEN FENSTER! MEIN TELEFON IST SCHNELL GENUG! DIESE ANRUFE SIND VERBOTEN! SCHEREN SIE SICH ZUM TEUFEL!
OPA! ICH BIN'S! DEIN PRÄCHTIGER ENKEL! ICH WILL DIR NICHTS VERKAUFEN!
GUT.
NUR EINE IDEE! HAHA! SAGT MAN DOCH SO! EINE IDEE VERKAUFEN. KOSTET DICH ABER KEINEN CENT!
PFENNIG! PFENNIG HEISST DAS!
MAN KANN REDENSARTEN NICHT EINFACH UMSTELLEN WIE GELD. PFENNIG! IMMER NOCH.
SEUFZ! OKAY...
DIE EUROEINFÜHRUNG IST ZWAR SCHON HUNDERT JAHRE HER –
ZWÖLF! GESTERN!
OKAY. PFENNIG. OPA! KANN ICH ENDLICH ÜBER MEINE IDEE REDEN?!?
HÖR ZU! KURTI VERMISST DICH!
DANN SOLL ER HEIMKOMMEN! ODER IST SICH DER HERR TOURIST INZWISCHEN ZU FEIN FÜR GARTENARBEIT?
GEHT NICHT. OPA! DU MUSST KOMMEN. SOFORT!

KAPITEL 8

BELIEVE ME! MY GALIÑA KNOWS ALL ABOUT FUTBOL! GIMME 50, YOU WILL GET 200!
MASHA DANKI!
HOPI BON!
COSTA RICA

KEINE PANIK, SCHATZ! HAB ALLES IM GRIFF. NENN MICH EINFACH PROBLEMLÖSERIN.
EINE FREUNDIN VON MIR WOHNT IN DER NÄHE DEINES OPAS. DIE GIESST SEINE BLUMEN. SEINEN KATER WOLLE NEHM ICH FÜR DIE ZEIT. JULIANS HUND SPINOZA LIEBT KATZEN. DAS SOLLTE AUCH KLAPPEN.
UND DU? FLIEGST DU MIT?
POLICE DIVE SCHOOL
GACK!
HUHU, WOLLKÖPFCHEN! AUFWACHEN! GLAUBST DU, ICH LASSE HUND, KATZE UND KIND ALLEIN ZU HAUS?
KÖNNTEST DU ABER!
HÖRST DU? IST ES NICHT AN UNS, EMANZIPATIONSWÜNSCHE DES KINDES ZU FÖRDERN? UND WIR BEIDE KÖNNTEN–
STILL, SNIRKI-PIRKI! DARÜBER DISKUTIERE ICH NICHT.
POLICE DIVE SCHOOL
PICK!
UND WENN ICH DICH RICHTIG VERSTANDEN HAB, HAST DU ZU TUN. WAR NICHT DIE REDE DAVON, DASS DEIN LADEN BRUMMT?
HALLO, SPINOZA!
KÖNNTE BRUMMEN! WENN MEIN PAPA NICHT SO'N SPIESSER WÄR! FÜRCHTET UM SEINEN RUF ALS ZUVERLÄSSIGER KRÄUTERBULLE! NULL UNTERSTÜTZUNG FÜR MEINEN SUCHDIENST!
NA JA ... HM ... SUCHDIENST HÖRT SICH ZIEMLICH SERIÖS AN. OKAY... ABER VOODOO-SUCHHUHN-DIENST? ICH WEISS NICHT...
SCHLUSS! JETZT WOLLEN WIR MIT IHM REDEN!
WAFF!
HÖR ZU, KUMPEL! GAUNER UND LEICHEN SUCHEN IST JA IM PRINZIP ECHT COOL. VOLL FETT. ABER DOCH NICHT JETZT!
WAU!
BEI DIR UM DIE ECKE RUM SIND DOCH COSTA RICA, HONDURAS UND KOLUMBIEN. ICH WETTE, 'NE MENGE LEUTE IN CURAÇAO HABEN DA VERWANDTE.
NA UND? SPRICH NICHT IN RÄTSELN!
POLICE DIVE SCHOOL
MANN! HEUTE IST DAS ERÖFFNUNGSSPIEL DER FUSSBALL-WM! UND WIR SIND DER BESTE VOODOO-VORAUSSAGEDIENST DES PLANETEN! DIE SELECCIÓN DE FUTBOL DE CURAÇAO REISST KEINE BÄUME AUS, ABER DIE GENANNTEN LÄNDER SIND DABEI! KUNDEN HABEN WIR BESTIMMT GENUG.
ZAHLENDE?
KLAR! WENN WIR LIEFERN! RICHTIGE VORAUSSAGEN! DANN ROLLT DER RUBEL!
GACK!

FUSSBALL? DAS IST UNFUG!
SINNLOSE BALLTRETEREI! ÜBLE MACHENSCHAFTEN! ICH SAGE NUR: QATAR! HAB ALLE ARTIKEL DAZU GESAMMELT!
SEUFZ! OPA, GEH DOCH EIN BISSCHEN MIT KURTI SPAZIEREN. ER HAT SICH SO AUF DICH GEFREUT!
ICH MUSS ARBEITEN.
ARBEIT? ARBEIT NENNST DU DIESEN VOODOO-QUATSCH? ZU MEINER ZEIT WAR ARBEIT EHRLICHE ARBEIT!
DEINE ZEIT? WANN SOLL DAS GEWESEN SEIN? ICH TIPP MAL AUF DIE NACHKRIEGS-ZEIT. UND DA WAR FUSSBALL AUCH SCHON UNFUG?
NEIN! HARTE ARBEIT! EHRLICHE ARBEIT!
DER WM-SIEG 1954! DAS WAREN ARBEITER! TUREK! KOHLMEYER! ECKEL! POSIPAL! MAI! LIEBRICH!
RAHN! MORLOCK! SCHÄFER! OTTMAR UND FRITZ WALTER! DAS WAREN KEINE GEL-JÜNGELCHEN!
NA, DANN EBEN POMADE DAMALS! ICH SAG DIR WAS, OPA! VON WEGEN JÜNGELCHEN. DIE JUNGS SIND SCHNELLER, HÄRTER UND INTELLIGENTER DENN JE! EINEN MÜLLER WÜRDE DEIN FRITZ WALTER NUR VON HINTEN SEHEN!
WA-?!
GACK!
UND DESHALB VERDIENT DIE WM EINEN GROSSARTIGEN WM-SERVICE! UNSERE VOODOO-VORAUSSAGE!
CHICKEN FEED
WAS INTERESSIERT DIE DEUTSCHEN TOURISTEN AM MEISTEN? WOFÜR ZAHLEN SIE GERN? GENAU. FÜR DAS ERGEBNIS DEUTSCHLAND-PORTUGAL AM KOMMENDEN MONTAG.
MARTINA! WALTE DEINES AMTES!
WIE VIELE TORE BEKOMMT PORTUGAL EINGESCHENKT? EINS! GUT! ZWEI!! SEHR GUT!! DREI!!! BRAVO!!!
UND WIR? KEINS? NEIN-EIN KORN! DEUTSCHLAND-PORTUGAL 3:1! YES!
PICK!

DAS HUHN KÖRNER PICKEN LASSEN – DAS IST KEIN VOODOO, DAS IST UNFUG!
UND DU UNTERSTÜTZT DIESEN QUATSCH AUCH NOCH, SÖHNCHEN! 1 KORN = 1 TOR! BLÖDSINN!
HAB ICH GAR NICHT!
WIESO QUATSCH?
OPA WIRD WILD! HIHI!
POCK! POCK!
WM 14
HAB IHM NUR GESAGT, WO MAN ALS TOURIST BESSER KEINE GESCHÄFTE MACHT, WO DIE POLICÍA KONTROLLIERT. KANN IHN JA NICHT INS OFFENE MESSER RENNEN LASSEN.
POLICIA
UND DAS? IST DAS AUCH QUATSCH, HM?!?
WM
ICH NENNE DAS ZUFRIEDENE KUNDEN! GROSSZÜGIGE KUNDEN! HAB JA KEINEN RECHTSANSPRUCH AUF DAS GELD. ABER ICH NEHM AN, SIE HABEN SICH BEIM WETTEN MIT MEINEM TIPP 'NE GOLDENE NASE VERDIENT!
OH!
MUCH MONEY!
UND HIER IST DIE HELDIN DES TAGES! **MARTINA, DIE KÖRNER-VOODOO-QUEEN!** KNIET NIEDER!
GACK!
WM 14
DEUTSCHE TOURISTEN HABEN DIESE SCHEINE RAUSGERÜCKT? NEVER EVER. DIE SIND EHER GEIZIG. FRAG MEINE FRAU!
POLICIA
NA JA. GENAU GENOMMEN WAREN ES KEINE DEUTSCHEN. HAB DAS DEUTSCHE SCHIFF VERPASST. DAS SPIEL DEUTSCHLAND – PORTUGAL WAR IHNEN PIEPEGAL. SIE WOLLTEN WISSEN, WIE URUGUAY – COSTA RICA AUSGEHT. 'N GANZER TRUPP MIT COSTA-RICA-T-SHIRTS.
UND DU–?
HAB IHNEN DEN VOODOO-TIPP FÜR DEUTSCHLAND-PORTUGAL VERKAUFT! 3:1 FÜR COSTA RICA! HAHA! VOLLTREFFER!
MEIN ENKEL VERKAUFT HÜHNERGEDANKEN. TOLL. DER NAME FISCHER WIRD ZUM GESPÖTT DER LEUTE WERDEN.
UND WIE IST DAS SPIEL GEGEN PORTUGAL AUSGEGANGEN? NICHT, DASS ES MICH INTERESSIEREN WÜRDE, ABER–
KEINE AHNUNG. DEIN DUSSEL VON SOHN HAT JA KEINEN FERNSEHER! KOMMT! WIR GEHEN IN 'NE SPORTBAR UND SCHAUEN UNS DIE WIEDERHOLUNG AN!
TV BRAUCHEN DIE KINDER NICHT!
OOCH...
WM 14
KURTI! CURAÇAO BLUE FÜR DICH!

WOLLMAUS! WAS TREIBST DU DA?
TELEFONIERE. SIEHST DU DOCH, OPA.
UND NENN MICH NICHT WOLLMAUS!
WM 14
NEIN, KEIN PROBLEM, JULIAN. DAS WAR NUR OPA. HÖR ZU, FÜR DAS GHANA-SPIEL MORGEN MÜSSEN WIR–
WAS?! NUR OPA?
MEHR RESPEKT, JÜNGELCHEN! WENN DU GLAUBST, ALS BETREIBER EINES ILLEGALEN WETTBÜROS KÖNNTEST DU EINE–
OPA!
ERSTENS RESPEKTIERE ICH DICH, ZWEITENS BETREIBE ICH KEIN WETTBÜRO, UND DRITTENS: WAS IST DENN ÜBERHAUPT LOS, HERR IM HIMMEL?!?
ICH SEHE, WAS ICH SEHE. UND ZWAR: FIFA, FIFA, FIFA. AUF JEDEM BILDSCHIRM. DASS DU IM KIELWASSER EINES DERART KORRUPTEN VERBANDES DEINE KLEINEN SCHMUTZIGEN GESCHÄFTE MACHST, KANN MIR–
OPA!
JETZT HALT MAL DIE LUFT AN!
ERSTENS! WIR GEBEN BLITZSAUBERE VOODOO-TIPPS! DAS IST NICHT SCHMUTZIG, SONDERN MAGISCH!
GACK!
WM 14
ZWEITENS! DIE FIFA IST MIR PIEPEGAL! ICH WILL FUSSBALL GUCKEN!
WM 14
DRITTENS! ENDLICH VERDIEN ICH MAL REICHLICH, UND DANN IST ES AUCH WIEDER NICHT RECHT!
?
VIERTENS. WEIL ICH AHNE, DASS MAN VIELLEICHT SO DENKEN SOLLTE WIE DU, KANN ICH NUR SAGEN:
DU BIST 'NE VERDAMMTE SPASSBREMSE!
WM
SEHR GUT. DU KANNST JA SOGAR ZUHÖREN. DANN DARF DIESMAL DEIN KLUGER OPA DEN TIPP ABGEBEN. DEUTSCHLAND–GHANA: 3:1! KEIN TOR MEHR, KEINS WENIGER.
ABER UNSER ERSTER TIPP WAR AUCH 3:1! WARUM NICHT 4:0? ODER 5:0? DENK AN MÜLLER!
PUTTPUTTPUTT! GACK! PUTT!
3:1 HÖRT SICH GUT AN!

GEH MIR AUS DEN AUGEN, OPA! MEIN GELD IST FUTSCH.
BRILLO
HAST DU ETWA SELBST AUF DIESEN FUSSBALL-QUATSCH GEWETTET?
KLAR. GLAUBST DU, ICH WILL KRÜMEL VOM TISCH DER WETT-KÖNIGE ESSEN?
DEIN MIESER TIPP DEUTSCHLAND-GHANA 3:1 HAT MICH ALLES GEKOSTET! GÄHNENDE LEERE NENNT MAN DAS!
TUT MIR LEID, BÜBCHEN. ABER WER KONNTE AHNEN, DASS LAHM LAHMT UND MÜLLER NICHT MÜLLERT. ANDERERSEITS: WER MEINEN TIPP RICHTIG VERSTAND ...
KURTI! ZEIG DEINEN OPI-TIPP!
SCHLÜRF!
WIE SAGTE ICH? "KEIN TOR MEHR, KEINS WENIGER." VIER TORE ALSO. KURTIS WETTE WURDE PROBLEMLOS ANGENOMMEN.
DIE QUOTE FÜR VIER TORE INSGESAMT WAR NICHT SO TOLL, ABER - BITTE SEHR! - KLEINVIEH MACHT AUCH MIST!
KLIMPER!
GACK!
ACH JA?!! JETZT SOLL ICH LAUSIGE TIPPS AUCH NOCH INTERPRETIEREN?!?! HERZLICHEN DANK!
ZACK!
BRILLO
GACK!
STOPP!
WAS IST DENN IN DICH GEFAHREN, JUNGE?!?
DER GEIST DER FIFA? HAUPTSACHE KOHLE?
ENTSPANN DICH, ENKELCHEN.
OKAY... ABER -
BRILLO
SCHLÜRF!
KEIN ABER. HIER NAHT RETTUNG FÜR DEINE GELDGEPLAGTE SEELE. DIE ESSENZ DES FUSSBALLS, WENN DU SCHON NICHT SELBST SPIELST:
GEPFLEGTES ZUSCHAUEN!
60 ZOLL 3D FULL HD LED
200Hz CMR WLAN
JAUCHZ!
GACK!

KEINE PANIK! WIR KRIEGEN DAS SCHON HIN!
CURAÇAO POLICIA
PERHAPS THE BATTERIES?
NO, THEY'RE OKAY. WE NEED TO CHECK THE CABLE.
ICH WILL "HOW I MET YOUR MOTHER" GUCKEN!
DAS WIRD DOCH NIE WAS! ICH WERD WIEDER PUBLIC VIEWING MIT BESCHEUERTEN DEUTSCHEN TOURISTEN MACHEN MÜSSEN!
USA-DEUTSCHLAND LÄUFT HIER MITTAGS UM ZWÖLF. ICH SCHWÖR EUCH, DA SIND DIE PENNER SCHON HACKEDICHT!
PFF...
NO. GERMAN TOURISTS ARE PRETTY OKAY.
PAPA! SCHAFF DEINEN ENKEL, DIESE NERVENSÄGE, HIER RAUS! ICH KRIEG DIE KRÄTZE!
ICH? WIESO ICH? HAB GENUG FÜR DEN WM-FAMILIENFRIEDEN GETAN. HAB EUCH DIE GLOTZE GESCHENKT.
ABER OKAY. KOMMT, MEINE LIEBEN ENKELCHEN, OPA ERZÄHLT EUCH EINE GESCHICHTE!
DA BIN ICH ABER GESPANNT.
HOP! BUNITA!
YES!
ES WAREN EINMAL VIELE GESUNDE, JUNGE, FLINKE MÄNNER, DIE –
FRAUEN AUCH?
FRAUEN AUCH.
ES MACHTE IHNEN SPASS, GEGEN BÄLLE ZU TRETEN, UND SIE VERMOCHTEN DIESEN SOGAR EINE BESTIMMTE RICHTUNG ZU GEBEN. DA DACHTEN SIE: "KLASSE! ICH TRETE JETZT NUR NOCH GEGEN BÄLLE!"
FUNDAMENTALE SPORTKRITIK! PFF! DAS ZIEHT EINEM JA DIE SCHUHE AUS! BILLIGER GEHT'S NICHT.
HALT! BIN NOCH NICHT FERTIG! MILLIONEN SAHEN IHNEN ZU, UND DAS WAR GUT SO. DOCH ANDERE JUNGE MÄNNER, DIE NICHT GUT GEGEN BÄLLE TRETEN KONNTEN, DACHTEN: "HM, DA MÜSSTE DOCH GELD DRINSTECKEN!" UND –
WIR HABEN EIN BILD! SUPERSCHARF! KOMMT!
ALL PROGRAMS!
FRAUEN AUCH?
WIR SPRECHEN UNS NOCH, OPA!

EQUAL GOES IT LOOSE, MARTINA!
GACK!
WER WILL WISSEN, WIE USA-DEUTSCHLAND AUSGEHEN WIRD?
KON TA BAI, DUSHI?
MI TA BON! BO TA BUNITA!
HE! ICH REDE MIT EUCH! STELLT DEN MIST AB! INTERESSIERT EUCH FÜR DIE WIRKLICH WICHTIGEN SACHEN!
WAS IST DAS FÜR'N WISCH? DEIN TIPP?
MI NUMBER DI TELEFON TA 22392!
WAS?!?
JETZT FÄNGST DU AUCH NOCH AN MIT DIESEM NICHTANGRIFFS-PAKT-GEREDE?
PIEP, PIEP, PIEP – ALLE HABEN SICH LIEB? QUARK! NICHT IN DER HÖLLE VON RECIFE!
RITSCH! RATSCH!
EINSATZ! WILLE! KAMPF! MARTINA, DAS AGGRESSIVSTE VOODOO-HUHN ALLER ZEITEN, WIRD EUCH DEN WEG WEISEN!
?
AMERIKANISCHER MAIS! DEUTSCHER ROGGEN! MARTINA! PICK! JEDES KORN EIN VOODOO-STICH INS HERZ DES GEGNERS!
3 MAIS-, 1 ROGGEN-KORN! HAHAHA! WIR PUTZEN DIE AMIS 3:1!
SUNCHI! SUNCHI!
HE!
HIHI! KISS! KISS!

HABEN SIE WAS VON IHREM SCHATZ GEHÖRT, JULIA? ER IST IN DER KARIBIK, RICHTIG?
Schubert Lieder
JA, IN CURAÇAO. ER IST SCHON VIEL LÄNGER DA ALS GEPLANT. HAT MIT FUSSBALL ZU TUN. MIT WETTEN.
WM-FIEBER! VERSTEHE.
MÄNNER!
MOZART LIEDER
NA JA, NICHT NUR. HABEN WIR FRAUEN NICHT SOGAR MEHR TITEL GESAMMELT? ZWEI BEI DER WM UND BEI DER EM TITEL OHNE ENDE! ÜBERIRDISCH!
FRAUEN EBEN! HIHIHI!
MACHEN WIR WEITER MIT SCHUBERT? ICH HAB VIEL GEÜBT.
GUT. ABER HEUTE KEIN SCHUBERT. *MOZART!* ZU EHREN UNSERER KICKER IN BRASILIEN!
OH! ES GIBT EIN FUSSBALL-LIED VON MOZART?
NICHT DIREKT... ICH SING ES IHNEN MAL VOR...
WIR KINDER, WIR SCHME-
CKEN DER FREUDEN RECHT VIEL
WIR SCHÄKERN UND NECKEN, VERSTEHT SICH IM SPIEL, WIR LÄRMEN UND BEISSEN UND RENNEN RUNDUM, UND HÜPFEN UND SPRINGEN IM GRASE HERUM.
BEISSEN?
KLEINE UNSPORTLICHE AKTUALISIERUNG. WARTEN SIE, ES GEHT NOCH WEITER.
HA, BRÜDERCHEN, RENNET UND WÄLZT EUCH IM GRAS! NOCH IST'S UNS VERGÖNNET, NOCH KLEIDET UNS DAS.
ACH, WERDEN WIR ÄLTER, SO SCHICKT SICH'S NICHT MEHR, DANN TRETEN WIR KÄLTER UND STEIFER EINHER.
VON WEGEN. FUN BIS ZUR BAHRE. UND DAS IST AUCH GUT SO. ODER?
KEINE AHNUNG. VERMUTLICH.

KAPITEL 9

UND DANN HÄTTE ICH NOCH GERN EIN STÜCK VON IHREM TOMME D'ENTREMONT. DEN ISST MEINE TOCHTER SO GERN.
DA HAT SIE EINEN GUTEN GESCHMACK. DER IST SEHR GUT. WIE VIEL WOLLEN SIE? EIN VIERTEL? DIE HÄLFTE?
EIN KNAPPES VIERTEL REICHT. SIE KOMMT JA NUR ZU BESUCH.
NUR IST GUT. WÄR SCHÖN, MEIN SOHN WÜRDE MICH AUCH AB UND ZU BESUCHEN. ABER PUSTEKUCHEN.
ER IST SCHON SEIT WOCHEN IN DER KARIBIK. CURAÇAO! KEINE AHNUNG, WO DAS GENAU IST. HIHI! NA, VIELLEICHT SIND TÖCHTER EINFACH TREUER.
NOCH EINEN WUNSCH?
MOMENT–
CURAÇAO SAGTEN SIE? IST JA LUSTIG... MEINE GESANGSLEHRERIN HAT EINEN FREUND, DER IST AUCH IN CURAÇAO! ER HEISST... WARTEN SIE... FISCHER! JA.
OH!
SIE AUCH!
STIMMT.
Käse-Fische
SO EIN LANGER DÜNNER MIT SCHWARZEM WOLLKOPF? JA? DAS IST MEINER. KLEIN IST DIE WELT. VON DER LEHRERIN WEISS ICH NICHTS. ABER WELCHER JUNGE MANN ERZÄHLT SEINEM MÜTTERCHEN SCHON VON SEINEN LIEBSCHAFTEN?
HAB IHN NUR EINMAL GESEHEN. SIEHT NETT AUS! ABER BEI DER JUNGEN FRAU HAB ICH DEN EINDRUCK, ES IST WAS ERNSTES.
SOLLTE MICH FREUEN. ER IST 'N BISSCHEN DURCH DEN WIND. WINDIGES STUDIUM, WINDIGES SURFEN, WINDIGES WOLLSTÜBCHEN, HIHIHI! EINE LEHRERIN IST VIELLEICHT NICHT SO SCHLECHT!
BITTE SCHÖN! 16,80 MACHT DAS DANN.
DANKE.
Käse-Fischer
EINS STEHT JEDENFALLS FEST: MEIN KÄSEBÜDCHEN WILL ER NICHT ÜBERNEHMEN! OBWOHL ER HIER SCHÖN PHILOSOPHIEREN KÖNNTE. HIHIHI!
JA. DA MÜSSEN WIR UNS SCHON WAS ANDERES EINFALLEN LASSEN...

WAS HAST DU DENN FÜR EINEN HUT, BÜRSCHCHEN?
KENNST DU NICHT, OPA? BLAU-WEISS-ROT-WEISS-BLAU! VIVA COSTA RICA! ADELANTE! DER CUP IST UNSER!
VERSTEH ICH NICHT. DA WERFE ICH MICH DIR ZULIEBE IN SCHALE, UND DANN DAS!
GACK!
VIVA COSTA RICA
WES BROT ICH ESS, DES FARB ICH TRAG! MEINE COSTA-RICA-WETTER ZAHLEN VORZÜGLICH!
1.000
HAB MIR MEINEN ANTEIL IN LANDESWÄHRUNG ZAHLEN LASSEN. IN MÜNZEN! COLONES!
ICH LIEBE ES, MIR DAS GELD AUF DIE GLATZE PRASSELN ZU LASSEN!
PUTT! PUTT!
SIEHST DU DAS HUHN? DAS IST MARTINA, DAS VOODOO-WM-HUHN! DIE COSTA-RICANER VEREHREN MARTINA!
DER ERSTE SIEG-TIPP FÜR COSTA RICA HAT DIE COSTA-RICANISCHE GEMEINDE AUFMERKSAM GEMACHT. SEITHER SETZEN MARTINA UND ICH IMMER AUF SIEG, WENN EIN COSTA-RICA-SPIEL ANSTEHT! HAHA!
GEGEN ENGLAND WAR'S UNENTSCHIEDEN, ABER DAS HAT MEINE KUNDEN NICHT VERÄRGERT. IM GEGENTEIL! HAUPTSACHE ACHTELFINALE!
VOR DEM SPIEL GEGEN DIE GRIECHEN HAT MARTINA VOODOO-KÖRNER OHNE ENDE GEFRESSEN! ICH WAR TOTAL VERWIRRT.
FLATTER!
ABER-
DANN HAB ICH'S KAPIERT! SIEG IM ELFMETERSCHIESSEN! TREFFER! MIT GENIALEN QUOTEN!
ABER-
ABER WIR HATTEN AUSGEMACHT, DASS DU DIE SPIELE GENIESST UND DAS GELD VERGISST!
HATTEN WIR? DAVON WEISS ICH NICHTS.
UND DASS WIR IM VIERTELFINALE STEHEN, IST DIR VÖLLIG EGAL? VATERLANDSLOSER GESELLE!
DIE LEUTE HIER INTERESSIEREN SICH NICHT BESONDERS FÜR UNS. ABER SPÄTESTENS IM FINALE NEHM ICH NUR NOCH WETTEN AUF DEUTSCHLAND AN. VERSPROCHEN!
GACK!

WIR MÜSSEN MIT DIR REDEN, JUNGE.
AH! EIN DREI-GENERATIONEN-GESPRÄCH! SEHR HÜBSCH! IHR SEHT SO ERNST AUS. BRAUCHT IHR GELD? GUT GEWÄHLTER ZEITPUNKT! HAHA!
NEIN. KEIN GELD.
KLIMPER!
1.000
ODER GENAUER: ES GEHT AUCH UM GELD. ABER VOR ALLEM UM DEIN MERTESACKER-SYNDROM.
MEIN WAS?!?
MERTESACKER. WURSTIGE ZUFRIEDENHEIT MIT DEM ERREICHTEN. REIN ERGEBNIS-ORIENTIERT. FRAGEN NACH QUALITÄT WERDEN SCHROFF ZURÜCKGEWIESEN.
WAS? WAS? WAS?
STELL DICH NICHT DUMM, ENKELCHEN! DIESE MÜNZKLIMPEREI – NENNST DU DAS EIN NACHHALTIGES GESCHÄFTS-MODELL?
WAS SIND DENN DAS FÜR FRAGEN? ICH HAB GELD VERDIENT, ICH BIN HAPPY!
SNIRKS CAFÉ! ERINNERST DU DICH, MISTER SNIRK? DU KAMST ZU MIR UND SPRACHST ÜBER DIE FINANZIERUNG EINER NEUEN FIRMA!
O MANN!
SCHON MAL WAS VON NERVENSÄGE-SYNDROM GEHÖRT?
MOMENT! WAS HAST DU TROMPETET? SNIRKS CAFÉ, DAS GENIALE, GALAKTISCHE START-UP! ALLE IDEEN! ALLE MASS-NAHMEN, ALLE ALLES! GILT DAS NOCH, HERR MERTESACKER?
ÖH...
IHR MEINT, ICH BIN ZU ANSPRUCHSLOS GEWORDEN? PEINLICH, PEINLICH. MUSS VON DER HITZE KOMMEN. ICH LEG MICH IN DIE EISTONNE UND DENK DARÜBER NACH.
VORHER BITTE NOCH ZWEIMAL DAS GETRÄNK, DAS DU HATTEST!
DREIMAL.
1.000

OH! IST DIR NICHT GUT?
QUARK! KÖRPERREISE! ACHTSAMKEITSTRAINING! LEBEN IM HIER UND JETZT!
OH. SORRY. DANN WILL ICH NICHT STÖREN.
BLEIB DA, DADDY. ES KLAPPT SOWIESO NICHT. KANN MEINE GEDANKEN NICHT EINFACH RUHIG BETRACHTEN UND WEITERZIEHEN LASSEN.
HAB ZU VIEL SORGEN... ECHTE SORGEN! DA IST DIESE SACHE MIT MEINER FIRMA... BESSER GESAGT: MEINER NICHT EXISTIERENDEN FIRMA...
SNIRKS CAFÉ... HA!
NUN, DA WÜRD ICH MIR KEINE GRAUEN HAARE... ICH MEINE: TIME WILL TELL!
UND WAS IST MIT UNSEREN JUNGS?!? WERDEN WIR VON DEN FRANZOSEN NACH HAUSE GESCHICKT?!?
LAHM! DER BESTE AUSSENVERTEIDIGER DER WELT WIRD INS MITTELFELD GESCHICKT! DAS IST DOCH ZUM HAARERAUFEN!
WAS ERLAUBE LÖW?!?
BATZ!
ICH VERLANGE EINE VOLKSBEFRAGUNG MIT SOFORTVERFÜGUNG!
KHEDIRA UND SCHWEINI GEMEINSAM! MÜLLER, SCHÜRRLE, KLOSE VON ANFANG AN! WEIDENFELLER INS TOR! NEUER ALS LIBERO! NOCH MAL BEI REUS ANRUFEN, OB ER NICHT DOCH...
SPÄTER
GEHT'S WIEDER? WIE SIEHT DENN DEIN VOODOO-HUHN DIE PROBLEMATIK?
MARTINA IST NACH WIE VOR OPTIMISTISCH. EIN LOCKER HERAUS-GESPIELTES 2:1! ERFREULICH.
PROST, PAPA!

AH, DU HAST ZUM STIFT GEGRIFFEN! ZEIG HER, KURTI!
DAS RITUAL! GENAU! HÄTT ICH FAST VERGESSEN!
LOS! ALLE HERKOMMEN! GEMEINSCHAFTS-RITUAL FÜRS HALBFINALE!
SEUFZ! MUSS DAS SEIN?
KINDEREIEN!
OHNE ROLLATOR, KURTI! WIR HALTEN DICH.
GANZ STARKES SYMBOL.
FEHLT KEINER? MARTINA IN DIE MITTE! SIE IST DIE VOODOO-SEELE DES KREISES.
GACK!
JEDER FÜR ALLE! VOR ALLEM IN DER ABWEHR! DANN MUSS NIEMAND ANGST VOR BRASILIEN HABEN!
MARTINA, DAS ERGEBNIS? SPRICH!
GACK, GACK, PUTT!
2:1 FÜR UNS? VORZÜGLICH! UND GESUNDHEIT FÜR NEYMAR! NEIN, FÜR ALLE!
PFFF...
GICK!
OKAY, DAS WAR'S. NUN GEHT HIN IN FRIEDEN UND SEHT EUCH DAS SPIEL AN.
HALT! SEHT IHR DAS?!! KURTI STEHT OHNE HILFE!
GACK!
WEISSE VOODOO-MAGIE! MARTINA, DAS HEILHUHN! KNIET NIEDER!
SANTA GALIÑA!
DEIN SOHN IST EIN WENIG ÜBERSPANNT. SOLL ICH IHM SAGEN, DASS KURTI SCHON IMMER RECHT GUT STEHEN KANN? ER BRAUCHT DEN ROLLATOR VOR ALLEM FÜR ZEICHENBLOCK UND BUNTSTIFTE.
NÖ, LASS MAL. DEIN ENKEL IST OKAY. ICH HOFFE, ER BLEIBT SO, WENN ER MAL ANFÄNGT ZU ARBEITEN...

KANN ICH IHNEN NOCH WAS ERZÄHLEN, BEVOR WIR MIT DEM SINGEN ANFANGEN?
SCHUBERT Lieder
OB SIE'S GLAUBEN ODER NICHT, ICH KENN DIE MUTTER IHRES FREUNDES SCHON EWIG! KAUF MEINEN KÄSE BEI IHR!
ACH, DAS IST JA NETT! JA, ER HAT MIR ERZÄHLT, DASS SIE EINEN STAND HAT.
SELBER GESEHEN HAB ICH SIE NOCH NICHT. ICH KAUF MEISTENS IN DER KLEINMARKTHALLE. NA, WIRD JA VERMUTLICH NOCH DAZU KOMMEN.
OKAY... KÖNNEN WIR?
MOMENT, ES GEHT JA NOCH WEITER! IHR FREUND KENNT MEINEN SCHWIEGERSOHN! STRIZZ HEISST ER.
STRIZZ UND SNIRK – IST JA LUSTIG. HEISST ER WIRKLICH SO?
JA, GLAUB SCHON.
SIE KENNEN SICH IRGENDWIE VON DER SCHULE. ABER DAS IST NICHT DER PUNKT. ICH WOLLTE ÜBER ETWAS ANDERES MIT IHNEN SPRECHEN.
IST EIN BISSCHEN HEIKEL. ICH MEINE: KÖNNTE SO AUSSEHEN, ALS WÜRDE ICH MEIN NÄSCHEN IN DINGE STECKEN, DIE MICH NICHTS ANGEHEN...
OH. HÖRT SICH SPANNEND AN.
JA. NA JA. JEDENFALLS GLAUBT FRAU KÄSE-FISCHER, DIE GEPLANTE FIRMA IHRES SOHNES SEI EINE WINDIGE ANGELEGENHEIT.
DAS GLAUBT NICHT NUR SIE. SEUFZ! ABER ICH HALT MICH DA RAUS. WISSEN SIE – MEINE GESANGSSCHULE LÄUFT WIRKLICH GUT, DA KANN ICH NICHT –
SOLLEN SIE AUCH NICHT!
ICH! ICH WILL MICH KÜMMERN!
STRIZZ IST SEIT ZWEI JAHREN CHEF VON LEO & CO. HOLZVERARBEITUNG, PLATTEN, FERTIGHÄUSER! IN DER FIRMA GIBT ER SICH COOL, ABER ZU HAUSE JAMMERT ER ÜBER ZU VIEL ARBEIT. ICH WEISS, DASS ER GERN JEMAND EINSTELLEN WÜRDE, DER ZU IHM PASST. DA DACHTE ICH –
VERSUCHEN SIE'S! MEINEN SEGEN HABEN SIE! ABER ICH HAB KEINE AHNUNG, OB ER ANBEISST...
SCHUBERT Lieder

JA, DOCH, ICH ERINNERE MICH! HAB SIE MAL VOR DER GESANGSSTUNDE GETROFFEN.
JA, GLAUB ICH GERN, DASS JULIA 'N PRIMA UNTERRICHT MACHT. "JEDER KANN SINGEN!", SAGT SIE IMMER. AUSSER MIR! HAHA!
OB'S HIER SCHÖN IST? ABER HALLO! KÖNNEN SIE SINGEN! HAHAHA, KLASSE GAG! WO SIE DOCH SINGEN.
MIR? KLAR, AUF JEDEN FALL. GELASSENHEIT IST DAS ZAUBERWORT! HATTE MIR FEST VORGENOMMEN, MICH WEDER VOR FREUDE NOCH AUS VERZWEIFLUNG VON DER KLIPPE ZU STÜRZEN.
UND DANN DIESES BIZARRE SPIEL. 7:1! DFB-POKAL, 1. RUNDE. BUNDESLIGA GEGEN DORFVEREIN. KEIN FALL FÜR DIE KLIPPE. NUR SCHADE.
ABER DESHALB RUFEN SIE NICHT AN. WAS GIBT'S? GEHT'S UM JULIA?
UM MICH? JA, IHREN SCHWIEGERSOHN KENN ICH. STRIZZ. HAB IHN IM WINTER IN DER STADT GETROFFEN. JA, VON DER SCHULE. NEIN, ER IST JA 'N GANZES STÜCK ÄLTER ALS ICH, ABER WIR WAREN BEIDE IN SO 'NER KFZ-OLDIE-ARBEITSGEMEINSCHAFT. WESHALB FRAGEN SIE?
HAHAHA!
EINE **STELLE**? BEI LEO&CO? WIE BITTE? HOLZBRANCHE?
ICH IN DER HOLZBRANCHE... SONDERBARE VORSTELLUNG... WIE? KREATIVITÄT IST ÜBERALL GEFRAGT? JA, DAS STIMMT VERMUTLICH. *"ALLE FRAGEN, ALLE ANTWORTEN, SNIRKS CAFÉ!"* WARUM NICHT AUCH FÜR FERTIGHÄUSER? HM...
MEIN INTERESSE? NA, WENN MEIN SCHWIEGERSOHN WEGEN ZU VIEL ARBEIT UNLEIDLICH WIRD, DAUERT'S NICHT LANG, DANN WIRD AUCH MEINE TOCHTER UNLEIDLICH. DANN DIE ENKEL. NICHT SO LUSTIG FÜR OMI. DENKEN SIE BITTE DARÜBER NACH. NEIN, HAT KEINE EILE.

FINALE
IN MANCHERLEI HINSICHT
MARTINA, ICH ENTBINDE DICH HIERMIT VON DEINEN PFLICHTEN!
FINALE
?
DU WARST EIN ERSTKLASSIGES SUCH-, TIPP-, HEIL- UND VOODOOHUHN. DOCH WENN DU MIT DEINEN DUNKLEN KÜNSTEN AUS EINEM FÜNFFACHEN WELTMEISTER EINEN HÜHNERHAUFEN MACHST, HÖRT DER SPASS AUF! ZURÜCK ZU DEINESGLEICHEN!
WUPP!
GACK!
HIHI!
HOFFENTLICH KÖNNEN DIE ARGENTINIER IM FINALE MITHALTEN! UND KNAPP VERLIEREN, HAHA! SPANNUNG MUSS SEIN!
PROST! AUF JOGIS TRUPPE!
ICH HÖRE, DU VERTICKST JETZT SPANPLATTEN? ICH BRAUCH EINE ALS DECKEL FÜRS KATZENKLO! 30×40 CM!
JAUCHZ!
HIHI!
FINALE
SPANPLATTE? WHAT'S THAT?
YES!
SOLIDER ALS VOODOO!
FRANKFURT, WESTEND
WEHE, DIESER SNIRK TAUGT NICHTS! DEINE VERANTWORTUNG! ER MUSS VOLLE LEISTUNG BRINGEN!
DANN HAT ER IN EINEM HALBEN JAHR DEINEN JOB.
OKAY. HALBE LEISTUNG. DIE ABER VOLL.
TACK! TACK!
BERRES! SIE KÖNNEN NICHT EINFACH HIER RUMKRIECHEN! DAS IST DAS CHEFZIMMER! SIE HABEN KEINE NARRENFREIHEIT!
ICH SUCH WAS.
RASENDER WIRBEL! ARGENTINIEN TAUMELT UND FÄLLT WIE EIN BAUM.
TASSILO
EINSPRUCH! 1. ES HANDELT SICH NICHT UM EIN LAND, SONDERN LEDIGLICH UM EINE FUSSBALLMANNSCHAFT. 2. IN DEUTSCHLAND SCHÄTZT MAN BAUMFÄLLER NICHT. 3. DIE VERWENDUNG DES PRÄSENS SCHEINT EIN WENIG KÜHN. DENNOCH: HÜBSCHES GEDICHT!
WURR!
HABT IHR GEHÖRT? AB HERBST SOLL WIEDER ÜBER MICH BERICHTET WERDEN!
ALLES KLAR? IM NOVEMBER 2014 GEHT'S WEITER MIT SNIRK & STRIZZ IN DER FRANKFURTER ALLGEMEINEN ZEITUNG!

In 77 Folgen um die Welt

Andreas Platthaus

Es gibt einen Moment in *Snirks Café*, der außergewöhnlich ist: Auf Seite 33 schweigt der Comicstrip. Es ist die erste Episode ohne die redselige Hauptfigur Kilian Fischer alias Snirk, aber vor allem ist es eine Episode ganz ohne Worte. Auftritt für Kurti, den grundgütigen schwergewichtigen Rentner, der keine Lust zu sprechen hat. An einem schönen Tag geht er mit dem Rollator spazieren und beschert einem kleinen Vogel ein neues Nest. So weit, so wenig. Und doch so reich. Reich an Charakterisierung dieser bemerkenswerten Nebenfigur, die kein Vorbild in der Comic-Historiographie kennt, obwohl sie doch die ideale Comicfigur ist, weil sie sich allein über Zeichnungen ausdrückt. Reich aber auch formal, weil hier auf dem knappen Platz einer täglich erscheinenden Fortsetzungsfolge die Möglichkeiten einer Seitenarchitektur vorgeführt werden, die durch den ständigen Wechsel von ungerahmten und gerahmten Panels die Lektüre so rhythmisiert, als läsen wir eine Partitur. Und reich vor allem, weil die Stille des schönen Frühlingstags als Zäsur in dieser Serie fungiert: Durch die kurzfristige Stillstellung der ansonsten stets ausufernden Ausführungen ihres Protagonisten wird Atem geschöpft für die entscheidende Wendung der Geschichte, die aus dem Alltagsgeschehen ein Abenteuer macht, die Snirk aus Frankfurt nach Curaçao führt, von der Existenzgründung zum Voodoo (na ja, als ob das so verschieden wäre).

In dieser Episode, erschienen am 18. März 2014 in der *Frankfurter Allgemeinen Zeitung*, zeigt sich die ganze Meisterschaft des Comiczeichners und -erzählers Volker Reiche. Deshalb muss man um sie auch gar keine großen Worte mehr machen, man muss einfach nur hinsehen. Wie Reiche da die Figur anschneidet oder drei Bilder lang nur ein Werkzeug in den Blick nimmt, das zeigt die ganze Erfahrung eines Künstlers, der seit vierzig Jahren zu den Großen seines Metiers in Deutschland zählt. Wobei es lange gedauert hat, bis er dafür auch den verdienten Ruhm geerntet hat. Denn Reiche folgte in seinen Anfängen, in den siebziger Jahren, dem Vorbild der amerikanischen Underground-Comics von Robert Crumb, die ihn dadurch beeindruckten, dass sie sich all jenen Themen gewachsen zeigten, die zuvor als inadäquat für Comics galten: Politik, Gewalt, Sex, Drogen. Crumb machte den Comic als Erzählform im Alleingang erwachsen, aber das hatte seinen Preis: Bei den etablierten Verlagen waren solche Geschichten nicht unterzubringen, deshalb publizierte er sie anfangs auf eigene Rechnung oder in Zeitschriften, die seine Comics als politisches Statement schätzten. Diesem Vorbild folgte Volker Reiche in Deutschland, als er mit *Hinz und Kunz* ein eigenes unabhängiges Comicmagazin mitbegründete und in den Satireblättern *Pardon* und *Titanic* veröffentlichte.

Doch sein Interesse galt auch immer schon – und darin unterscheidet Reiche sich von seinem Vorbild Crumb – dem Herz des Comicgeschäfts: jenen allgemein bekannten Serien, die von Millionen gelesen werden. Wenn Crumb zwar auch ein begeisterter Leser der Donald-Duck-Geschichten von Carl Barks war, dachte er

doch nie daran, selbst derartige Comics zu zeichnen. Reiche dagegen machte genau das. Ende der siebziger Jahre wurde er Disney-Zeichner und erstellte insgesamt sechs Duck-Geschichten für den holländischen Oberon-Verlag. Der Haken daran: Er blieb anonym, denn seinerzeit trugen noch alle Entenhausener Geschichten die Signatur des längst verstorbenen Walt Disney, die als Markenzeichen galt. Und ähnlich verhielt es sich bei dem Auftrag,

mit dem sich Reiche endgültig in seinem Lieblingsmetier etablierte. 1985 wurde er als Zeichner des Fortsetzungscomics *Mecki* in der wöchentlich erscheinenden Programmzeitschrift *Hörzu* engagiert. Hier durfte er zwar mit eigenem Namen signieren, doch die seit Jahrzehnten laufende Serie war genauso wenig geeignet, den individuellen Ruhm ihrer Zeichner zu mehren, denn die hatten die Tradition fortzusetzen. Die wahren Stars solcher populären Serien sind deren Figuren.

Volker Reiche zeichnete *Mecki* bis 2006 und perfektionierte in diesen mehr als zwanzig Jahren seine graphischen und erzählerischen Fertigkeiten so sehr, dass er im Januar 2002 der *Frankfurter Allgemeinen Zeitung* einen täglichen Fortsetzungscomic namens *Strizz* anbot, dessen Abdruck schon drei Monate später begann. Der Rest ist deutsche Comicgeschichte. Acht Jahre lang, bis zum 31. Dezember 2010, erschien dieser Strip; er machte Reiche berühmt und brachte ihm nicht nur alle wichtigen Preise ein, die es für Comics in diesem Land zu gewinnen gibt, sondern vor allem die Begeisterung einer riesigen Leserschar, die *Strizz* nach dessen Einstellung noch jahrelang nachtrauerte. So sehr, dass Reiche im Jahr 2014 aus dem selbstge-

wählten Ruhestand zurückkehrte. Am 11. Februar dieses Jahres begann in der *F.A.Z.* der Abdruck einer neuen Serie, deren 77 Folgen dieses Buch bilden: *Snirks Café*.

Warum aber nicht einfach wieder *Strizz*? Volker Reiche hatte einen größeren Plan, als nur den Erzählfaden dort wieder aufzunehmen, wo er ihn 2010 abgeschnitten hatte. Die erste Folge von *Snirks Café* ist wie eine Staffelübergabe: Der neue Protagonist trifft den alten. Kilian Fischer, der sich für seine bevorstehende Unternehmensgründung das Pseudonym Snirk zugelegt hat, begegnet auf der Straße Strizz, der sich als etwas älterer ehemaliger Schulkamerad erweist. Er hat schon geschafft, was Snirk erst erreichen will: beruflichen Erfolg. In den letzten beiden Jahren von *Strizz* hatte es die Titelfigur zum Juniorchef der Firma Leo & Co. gebracht, bei der er die ganze Serie lang angestellt gewesen war.

Ein Ziel war erreicht, die Geschichte somit an ein logisches Ende gelangt. Snirk dagegen fängt so neu an wie sein Zeichner, und dass wir es fortan nicht mit einer simplen Wiederholung des *Strizz*-Prinzips zu tun haben werden, zeigt das Ende der Auftaktbegegnung der beiden jungen Männer: Das Einzige, was Snirk da über Strizz zu sagen weiß, ist »Blödmann«. Er will etwas ganz Eigenes aufbauen. Und sein Zeichner will es auch.

Wobei Reiche als ausgefuchster Comicmacher genau weiß, was man an so beliebten Figuren wie dem *Strizz*-Personal hat. Deshalb taucht es auch immer wieder in *Snirks Café* auf, in Form von Cameo-Auftritten wie jenem von Herrn Paul, dem Favoriten der Reiche-Leser, gleich in der ersten Episode auf Seite 9, der aber leicht zu übersehen ist: Im letzten Bild, ganz klein, beäugt der Kater aus einem Garten heraus misstrauisch diesen Snirk, der ihm fortan die Schau stehlen will. Andere Kollegen aus dem ursprünglichen Strip wie Omi Paula oder der Prekariats-Kater Wolle haben dagegen größere Rollen inne und sorgen dadurch dafür, dass beim Publikum von *Snirks Café* die Erinnerung an *Strizz* nicht einfach verblasst.

Erinnerung ist nämlich ein zentrales Motiv von Volker Reiches Comics – inhaltlich, wie sein autobiographischer Comic *Kiesgrubennacht* 2013 bewiesen hat, und formal, wie man an der unmittelbar danach entstandenen Serie *Snirks Café* wunderbar zeigen kann. Schon die Namenswahl des Titelhelden verweist auf einen früheren Comic von Volker Reiche: Im Jahr 2000 erschien in dem Fanzine *Zebra* eine Science-Fiction-Geschichte, die auch *Snirks Café* hieß, und Reiche erlaubt sich vierzehn Jahre später den Spaß, seinen Helden Kilian Fischer, dessen Alter irgendwann mit achtundzwanzig angegeben wird, diesen vor so langer Zeit an denkbar entlegener Stelle publizierten Comic lesen und lieben zu lassen. Ihm entnimmt der junge Existenzgründer seine neue Firma – »Super Name für ein galaktisch geniales Start-up!« – und verschwendet dabei keinen Gedanken daran, dass es im originalen *Snirks Café* um einen Ort ging, der trister kaum gedacht werden kann. Die wenigen Leser, die das Vergnügen haben, Reiches Science-Fiction-Geschichte von 2000 zu kennen, dürften in dieser Namenswahl bereits ein Signal für das Scheitern des optimistischen Jungunternehmers gesehen haben.

Und so kommt es denn auch im Laufe des Geschehens. Widmen sich die ersten zwanzig Episoden noch konsequent Snirks Bemühen, ein Konzept und vor allem das notwendige Geld für seinen Beratungsdienst zusammenzubringen – man beachte die graphisch brillante Idee von Eurozeichen als Augen im fünften Panel auf Seite 27, eine physiognomisch viel überzeugendere Lösung als die altbekannten Dollarzeichen –, so wird danach ein neuer Erzählstrang in Gang gebracht, der sich zwar organisch aus dem alten zu entwickeln scheint, aber doch mit allem bisherigen Geschehen bricht. Plötzlich ist Snirk im Auftrag seines mürrischen Großvaters unterwegs in die Karibik, um dort seinen seit vielen Jahren verschollenen Vater zu suchen. Erst in der letzten Folge wird er nach Deutschland zurückkehren. War *Snirks Café* anfangs noch so etwas wie »*Strizz* reloaded« – physiognomisch ähnliche Hauptfiguren, ein altkluger Knabe als Quasi-Sohn des Titelhelden, Handlungsort Frankfurt –, wurde der Serie plötzlich mit der Karibikreise eine neue Welt geöffnet. Und dem Zeichner und Erzähler Reiche auch.

Mit der Insel Curaçao und vor allem ihren Bewohnern und deren Sprache, die aus den unterschiedlichsten Idiomen zusammengesetzt ist, hat Reiche nicht nur seinem eigenen Strip ein bislang unbekanntes Terrain erschlossen, sondern auch dem Comic als Ganzem. Abenteuer in exotischen Ländern sind gängiges Prinzip der Zeitungs-Strips seit *Tarzan* oder *Terry and the Pirates*, doch die Idee, einen Wohlstandsbürger auf eine touristisch gut erschlossene Ferieninsel zu schicken und ihn dort trotzdem mit einem ganz anderen Lebensstil und vor allem den eigenen Klischees zu konfrontieren, das ist ebenso neu wie die humoristische Betrachtungsweise, die das Abenteuer hier erfährt. Sie resultiert auch daraus, dass Reiche Anspielungen auf andere Comics einbezieht. So etliche Verweise auf die Donald-Duck-Geschichten von Barks wie etwa auf Seite 40 die Erinnerung von Snirks Freundin Julia an Daisy Ducks Gebrauch ihrer Handtasche als Waffe; auf Seite 50 die Rückübersetzung einer deutschen Donald-Weisheit für den Katastrophenfall (»Versichern und alles Weitere der Versicherung überlassen«) ins Englische (»Insure and leave it to the insurance«); auf Seite 79 die letzte Sprechblase, die mit den zahlreichen Synonymen für Geld ein weiteres Entenhausener Zitat aufnimmt; auf Seite 87 die lapidare Feststellung »Der Name Fischer wird zum Gespött der Leute werden«, die mit anderer Familienbezeichnung gleichfalls aus Donald Ducks Munde stammt; und schließlich auf Seite 96 Snirks von Dagobert Duck entlehnte Sentenz »Ich liebe es, mir das Geld auf die Glatze prasseln zu lassen«. Selbstzitate aber gibt es bei Reiche auch, so wie auf Seite 23, in der sich Opa Fischer durch eine alte *Mecki*-Folge dazu anregen ließ, einen Computer als Blumenpresse zu zweckentfremden.

Und auch *Strizz* ist noch durch mehr als nur sein Personal vertreten, so wenn auf Seite 16 an Guido Westerwelles Schuhsohlen mit dem aufgedruckten Ziel von achtzehn Prozent bei der Bundestagswahl des Jahres 2002 erinnert wird, die damals das brandaktuelle Thema der allerersten *Strizz*-Folge waren.

Dass solche Tagesaktualität, deren Einbeziehung den besonderen Charme und auch die Einmaligkeit von *Strizz* ausgemacht hat – Volker Reiche dürfte der einzige Comiczeichner überhaupt sein, der eine jahrelang täglich laufende Fortsetzungsserie jeweils tagesaktuell gezeichnet hat –, auch in *Snirks Café* zu ihrem Recht kommt, macht diese Geschichte noch vielschich-

tiger. Die letzten Seiten bieten zum Beispiel einen laufenden Kommentar zur Fußballweltmeisterschaft 2014, deren Finalwochenende am Ende der ersten Laufzeit von Volker Reiches neuer Serie stattfand. Wie hätte Reiche also die letzte seiner Episoden anders als mit dem witzigen Titel »Finale in mancherlei Hinsicht« überschreiben können?

Doch das Ende ist damit noch gar nicht erreicht. Es ist allerdings das Ende dieses Buchs, das sämtliche Folgen von *Snirks Café* versammelt. Fortgeführt aber wird das, was hier erzählt wurde, nach einer Pause von knapp vier Monaten in einem Comic, der *Snirk & Strizz* heißt und nun doch noch wahr macht, was auf der ersten Seite dieses Buchs durch die Begegnung Snirks mit Strizz angedeutet und dann auf der letzten angekündigt wurde: Snirk heuert bei Leo & Co. an. Aber das ist eine andere Geschichte. Möge auch sie Geschichte machen.

Kleines Snirk-Kompendium

Andreas Platthaus

In den *Strizz*-Sammelbänden war es gute Sitte, einige tagesaktuelle Anspielungen zu erläutern, um bei größerem zeitlichen Abstand die Lektüre zu erleichtern. So auch hier, einschließlich ein paar weiterer zum Verständnis wichtiger Fakten, soweit diese nicht schon im Nachwort erwähnt wurden.

Seite 10: Der von Julian erwähnte Caramel Macchiato Spezial existiert tatsächlich als Angebot einer globalen Kaffeeausschankkette.

Seite 11: Julian spielt auf die Debatte um die finanziellen Lasten der Frühverrentung an.

Seite 12: Snirks Rede von »verarmten Groko-Opfern« verweist auf den der Großen Koalition aus CDU/CSU und SPD vorgeworfenen Sozialabbau.

Seite 22: Der hier von Snirk und später noch mehrfach erwähnte amerikanische Spielfilm *Soylent Green* (deutscher Titel: *... Jahr 2022 ... die überleben wollen*) ist 1973 von Richard Fleischer gedreht worden und verwendete zahlreiche Ausschnitte klassischer Musikstücke, darunter auch den von Opa Fischer erwähnten ersten Satz von Beethovens 6. Symphonie.

Seite 23: Der Zeitungsstapel enthält Markierungszettel mit den Namen mehrerer Autoren von *F.A.Z.*-Artikeln zu Fragen der digitalen Zukunft.

Seite 32: Die Verachtung Julians fürs Sparen verdankt sich der publizistischen Kritik an den niedrigen Zinssätzen im Euroraum.

Seite 35: Weitere Zeitungsstapel enthalten Markierungszettel mit den verniedlichten Namen des FDP-Politikers Gerhart Baum und mehrerer *F.A.Z.*-Feuilletonredakteure.

Seite 36: »Omnia mea mecum porto« (Alles, was ich besitze, trage ich bei mir) ist ein von Cicero auf Latein überlieferter Satz des griechischen Philosophen Bias von Priene, den dieser auf der Flucht gesagt haben soll.

Seite 39: Snirks Verweis auf Helikopter-Mütter nimmt die Kritik an zu perfekt von ihren Eltern umsorgten Kindern auf.

Seite 43: Die in Gedanken gewälzte Frage »Wie stoppe ich Putin?« bezieht sich auf die Eskalation der separatistischen Bewegung in der Ukraine, die vom Westen dem russischen Präsidenten Putin angelastet wurde.

Seite 67: Snirks Seufzer »Wenn's der Wahrheitsfindung dient« zitiert die berühmte Antwort des 1967 wegen Widerstands gegen die Staatsgewalt angeklagten APO-Aktivisten Fritz Teufel auf die Aufforderung des Richters, sich zu erheben.
Snirks Bemerkung zu *Wetten, dass ...?* bezieht sich auf das seinerzeit bald bevorstehende Ende der populären Fernsehshow.

Seite 70: Das Gruppenselfie der Fischers geht auf eine ähnliche Aufnahme der amerikanischen Stand-up-Komikerin Ellen DeGeneres zurück, die als Moderatorin der Oscar-Verleihung des Jahres 2014 etliche Stars auf einem Handy-Foto vereinte, dessen massenhafte Verbreitung während der Übertragung den Nachrichtendienst Twitter zeitweise lahmlegte.

Seite 78: Erster Hinweis auf das bevorstehende Fußballweltmeisterschaftsturnier in Brasilien (12. Juni bis 13. Juli 2014).

Seite 86: Das von dem Voodoo-Huhn Martina mit 3 : 1 prognostizierte Ergebnis des ersten Spiels der deutschen Fußballnationalmannschaft bei der WM in Brasilien (gegen Portugal) ging tatsächlich 4 : 0 aus.

Seite 88: Das Spiel der Deutschen gegen Ghana in der WM-Vorrunde endete 2 : 2.

Seite 90: Das deutsche Abschlussspiel der Vorrunde gegen die Vereinigten Staaten endete 1 : 0.

Seite 92: Julias Textvariation von Mozarts Klavierlied KV 598 spielt auf die Beißattacke des uruguayischen Fußballspielers Luis Suárez auf seinen Gegenspieler beim Vorrundenspiel der WM gegen Italien an. Suárez wurde danach vom Turnier ausgeschlossen.

Seite 97: Im WM-Achtelfinale traf Deutschland auf Algerien und gewann erst nach Verlängerung mit 2 : 1. Nach dem Spiel sorgte ein Interview mit dem deutschen Verteidiger Per Mertesacker für Aufregung, bei dem er sich jede Kritik an der Spielweise verbat und ankündigte, sich jetzt erst einmal drei Tage in die Eistonne zu legen.

Seite 98: Das Viertelfinalspiel der deutschen Fußballnationalmannschaft gegen Frankreich wurde 1 : 0 gewonnen.

Seite 101: Das von Snirk wenig estimierte »bizarre Spiel« war der sofort legendäre 7 : 1-Sieg Deutschlands über den WM-Gastgeber Brasilien im Halbfinale.

Seite 102, in der Zeitung die finale Folge 77: Das am Sonntag nach der letzten Folge von *Snirks Café* ausgespielte WM-Finale zwischen Deutschland und Argentinien endete 1 : 0 nach Verlängerung.

DEUTSCHLAND IST WELTMEISTER. MIT MEINER HILFE. EIN GROSSER SIEG FÜR ALLE VOODOOHÜHNER DIESER WELT.